Agnès Bouquet

J'ai épousé un con

L'histoire de ~~presque~~ toutes les femmes

Roman

PLON
www.plon.fr

ISBN : 978-2-259-20770-6

« L'Amour, c'est quand on rencontre quelqu'un qui vous donne de vos nouvelles. »

André BRETON

Quai des Menteurs

Pépita a un très joli cul. Elle va détester que je dise ça, mais, ne lui en déplaise, elle a un très joli cul : doré, rebondi, généreux qui se plaît à chalouper en général et ce jour-là en particulier. Cul habité par l'ennui (parfois) et l'habitude de chalouper par goût de la danse, de l'amour et de cette insoutenable légèreté de l'être qui la rend tour à tour futile et profonde, profonde et futile, tout dépend de quel côté tombe la pièce. Parce qu'elle, à la différence de celui qu'elle va rencontrer, n'a pas de « programme », sauf la vie qu'elle entend *inventer* mais prend surtout comme elle vient.

Et là, précisément, alors qu'elle décapite une boule choco à grande vitesse et échange quelques propos éthologiques avec Jo, le pêcheur : « Tu te rends compte petite, avec tous ces gros bateaux, même les poissons ont foutu le camp ! »... eh bien, là, alors qu'elle se prépare à rejoindre sa Mini Cooper couleur de ciel et quitter ce village plein comme un œuf, elle croise, robe fleurie et panier en osier marquant la cadence, elle croise, elle croise... un regard.

Le regard.

Le regard, quai des Menteurs.

Le regard qui se découpe au-dessus du dossier rouge d'une chaise cinéma de chez Sénéquier.

Le regard « très peu là, beaucoup ailleurs ».

Le regard qui l'appelle...

C'est en tout cas ce qu'elle croit.

Elle repère à côté du regard, un ami. Un ami bienvenu. Qui lui fait signe de les rejoindre.

Soudain, elle a un programme !!!

D'un coup de semelle compensée, elle fend la foule, aérienne, inspirée, slalomant entre les shorts en lamé, les pare-chocs siliconés, la forêt de Ray Ban, la *blonditude* peroxydée, les triples cornets Barbarac, les *pauvres* qui regardent les riches, les *riches* qui regardent les pauvres les regarder... Et atteint cet îlot inespéré : l'homme au regard clair et nu, planqué sous son bob, corps enfoncé au plus profond de la chaise, main détendue et puissante, glissant le long du dossier...

Présentations.

L'homme scrute la bestiole. La bestiole scrute l'homme. Mieux, elle le scanne, mais du coin de l'œil, un brin impressionnée. L'homme tranche. Pas de ceinture croco mais une corde de marin qui sangle un abdomen rebondi. Pas de Tod's mais des Tropéziennes qui laissent s'épanouir des orteils manucurés à la hache. Pas de polo Polo mais un vieux tee-shirt éponge. Aucune montre lourde à l'horizon mais un chrono de plongée autour du cou. Pas de Pétale de rose siroté délicatement mais un bon vieux pastaga descendu d'une traite. Pas même un bronzage caramel qui sublimerait l'ensemble, non, une magnifique couleur crevette.

Version teppanyaki.

Autrement dit, passée sur plaques chauffantes.

Un dossier non conforme.

Exactement ce qui électrise Pépita. L'intrigue.

Et puis il y a cette main, cette main pleine d'une enfance rongée au sang, cette main large et puissante, concentrant une énergie prête à bondir, détendue en cet instant... La patte du lion... Une main qui le contient tout entier.

Et la bouleverse.

Il ne lui dit... pas un mot.

Cruche parmi les cruches, elle se tortille sur sa chaise et tient fermement son *petit* panier sur ses *petits* genoux. A ce moment-là, elle est toute petite.

A côté d'elle, les autres sont Toutes Grandes, c'est-à-dire blondes, longues et totalement dégagées de tout souci. Jusqu'au moment où se pointe l'assiette de tapenade et le cruel dilemme *: oui ou non* à la tartine, oui ou non à *une* tartine, mais si oui à une, la menace du *deux* se précise et le risque de *plus* se démultiplie... Bref, une onde de panique traverse l'assemblée féminine, indifférant les hommes mais amusant Pépita qui, du coup, reprend du poil de la bête et lance, ravie de trancher elle aussi :

– Miam, elle a l'air *super* bonne, cette tapenade !

Regard noir des blondes.

Pépita en deviendrait presque brune.

Alors qu'elle est blonde. A son grand dam, car c'est à force d'« errer sous l'impensable », le soleil exactement, et la vacuité douce à laquelle il invite, qu'elle s'est chopé une couleur antinature. En clair : elle est née brune et elle en a gardé, si ça n'est la couleur, le charmant caractère...

Tapenade donc, Pépita ouvre le bal. Et Roméo, la bouche...

– Elle a bon appétit, cette petite !

Pépita en fait tomber sa tartine. Roméo rit sous cape. Elle pique un fard. L'ami observe la scène, il sourit...

Roméo, délicat, s'empresse de lui préparer une nouvelle tartine, une *barque* étonnamment chargée, qu'elle enfourne sans sourciller...

– Et qu'est-ce qu'il a, le Chaperon rouge, dans son panier ?

Pépita fait la gourde, sans forcer son talent... Roméo regarde : *Voici*, Spinoza, *Gala*, *Le Monde* – bref, un panier bourré de contradictions...

Il commente, feuilletant *Voici* :

– Tu lis ces *conneries* ?!

– Euh, non, c'est pour une copine...

– C'est ça ! En plus, t'as honte ! Tu devrais pas : tout le monde lit ça... Sauf moi !

– Ah... Tu lis quoi Toi, alors ?

– Pérez-Reverte, *Les Aventures du capitaine Alatriste...* Tu connais ?

– Non, ça parle de quoi ?
– D'âme noble, d'aventuriers… Des histoires d'hommes…
– Y a pas de femme ?
– Pour quoi faire ?!
– Sais pas, moi, un livre sans histoire d'amour, c'est chiant…
– « L'amour, c'est l'infini à la portée des caniches ! » Tu sais bien…

Elle rit. Oui, elle sait. Elle a lu Céline, en tout cas cette phrase-là…

Il ajoute :

– J' te bluffe, hein ? Alors, si tu crois m'impressionner avec *ton* Spinoza, tu te trompes… J'ai pas mon bac OK, mais j'ai deux ou trois petites phrases en stock qui me permettent – la preuve ! – de converser avec une « intellectuelle » à Saint-Tropez !
– Quelle intellectuelle ?!
– Toi, toi et ton petit nez pointu, tes airs un brin supérieurs : timidité sans doute… D'ailleurs, de toi à moi : ne me dis pas que tu lis Spinoza topless sur les plages de Pampelonne, j' te croirai pas !
– Je ne dis rien, et puis nous sommes… quai des Menteurs!

Il rit.

L'ami observe. L'œil de crocodile de Roméo est maintenant bien ouvert…

– Sinon… tu fais quoi ? ose Pépita.
– Je te regarde…

Le Chaperon rouge est cramoisi…

– Mais encore ?
– Je suis chercheur d'épaves… ou de trésors ! Ça dépend…

Une Reine derrière les poubelles

Roméo a fait passer le message. *Via* l'ami. Il l'invite à dîner...

Pépita hésite :

– Veux pas me coucher tard, avais prévu de bosser...

L'ami insiste :

– Si, si, tu viens ! Il a super envie que tu viennes. Et pis, tu vas découvrir un endroit que tu ne connais pas, ça va te changer, y a que des « locaux »...

– Ah...

– Allez, viens ! Te promets : c'est un super mec, une pièce de musée, pas deux comme lui ! Et puis, très rare qu'il invite des filles à dîner...

L'argument fait mouche.

– C'est où ?

– La pizzéria... derrière les poubelles !

Pépita, entêtée par trois pastagas, ne sait pas si elle doit en rire (jaune) ou en rire (tout court), si c'est une plaisanterie ou le début de l'aventure. Bref, questionnement faisant, elle se retrouve devant la pizzéria-derrière-les-poubelles.

Mais à côté d'un fleuriste. Ceci nuançant cela.

Pépita entre et repère immédiatement un dos large et une fourchette qui s'impatiente : Roméo. Il se lève, galant, puis lui offre une chaise à côté de lui. Elle s'assied sans moufter. L'ami leur fait face.

Que je vous précise, Roméo ne s'appelle pas Roméo mais Alexandre. Comme Alexandre le Bienheureux, disent ses copains. Sauf qu'un beau jour, Pépita a décidé de l'appeler Roméo – espérant qu'ainsi, il le deviendrait.

Donc, Roméo – que nous pourrions aussi bien baptiser, dès ce premier repas, Gargantua – est attablé. Mais à le faire comme ça, nous priverions *la petite* d'une surprise de taille. Et d'une stupeur stomacale qui ne fera que renforcer la sidération amoureuse.

Car digérer ou penser, il faut choisir. Roméo a choisi. Il panse. Et, pas qu'un peu.

– Tavernier ! lance-t-il. Du vin !

Aussitôt le rythme s'accélère. Le patron déboule avec ses meilleures bouteilles, ses assiettes de caillette (la spécialité locale), ses terrines, ses cornichons, son pain grillé spécialement pour lui, sa motte de beurre « demi-sel » (spécialement pour lui encore) et son saucisson sec qui finira par étouffer définitivement les derniers carreaux rouges et blancs d'une petite nappe qui n'a qu'à bien se tenir ! Pépita panique. Elle demande la carte, Roméo l'arrête :

– Ici c'est pizza et tablier de sapeur, tu peux tenter le carpaccio mais faut pas craindre le ridicule !

Le ton est donné. Pépita comprend que Le Byblos est bien loin et que les sucrines (cœurs de laitues hyper cotés en ces temps de bikini) ne sont pas à la carte.

Elle regrette amèrement sa provocation à la tapenade quelques heures plus tôt...

– Tu connaissais ? lui demande Roméo.

– Euh, non...

– M'étonne pas... Une fille qui lit *Voici* doit préférer dîner place des Lices : comme ça, elle ne rate rien !

– C'est-à-dire ?

– Eh ben, quand Loana et Eddie Barclay tâtent du cochonnet, elle est là !

– Pas pour dire, mais Eddie, à l'heure qu'il est, il tâte surtout des vers de terre ! Quant à Loana, elle se fait rare. Maintenant, c'est Carlita qui traverse la place des Lices...

– Drôlement rencardée, la petite ! Preuve que ça l'intéresse...

– Difficile de faire autrement...

– Tu te trompes, Saint-Tropez est un mille-feuille, pas une feuille de chou ! Le meilleur est en dessous du glaçage, crois-moi...

– Je te crois.

– Alors, si t'es sage, je vais te montrer...

Le dépucelage va être brutal. D'abord, il commande pour elle. Et, pas un carpaccio ! Ensuite, la conversation s'engage sur la plongée, les bateaux, les amphores, la suceuse (?!) – un engin hypersophistiqué qui aspire la vase – et se poursuit sur les expéditions à venir, les autorisations à avoir, les Mimi Giron et autres Pinpin – ferronnier et garagiste du coin, saisit Pépita, qui en seront ou pas... Elle ne pipe mot. L'ami fait le traducteur, l'ours laisse faire. Il continue sur sa lancée, n'explique rien. Elle apprend à se taire, plus petite que jamais, petite mais intriguée. Et puis l'homme connaît tout le monde, tout le monde connaît l'homme, il serre les louches, claque des bises et Pépita n'est pas peu fière d'être à la table de ce Centre du Monde... Ce chef, ce meneur, cette comète ultrarapide qui enchaîne coups de rouge et tartines, anecdotes et bons mots et semble ravi, au passage, de faire pénétrer *la petite* dans un Saint-Tropez qu'elle ne connaît pas. Le sien.

Un Saint-Tropez authentique.

Derrière les poubelles.

La pizza arrive. Un jaune d'œuf se meurt sur une Reine croustillante, la main de l'homme y plante une fourchette, elle le flingue. Pépita n'a d'yeux que pour cette main. Cette main toute, cette main encore. Cette main dont elle ne sait si elle pourra faire *avec.*

Faire l'amour avec, j'entends.

????

Oui, oui, car Pépita va vite, très vite. Pas sa faute si *des* pensées lui viennent... Et puis le vin coule à flots, les plats défilent, les copains aussi, et puis Roméo est drôle, très drôle...

A une pétroleuse en lamé, échouée là, qui le regarde derrière son *Vogue*, il décoche :

– Tu connais la chanson des Miel Pops ?

Interloquée, mais ravie de se faire de « nouveaux amis », la belle répond :

– Euh non... Un nouveau groupe ?

– Ouais, un groupe qui roule...

– Ouais, ouais, ça me dit quelque chose... entendu au VIP, sans doute...

– Sans doute, le tube de l'été ! Musique sucrée, paroles croustillantes...

– Oui, oui, je connais !

– Eh ben, tiens, voilà le CD... Cadeau !

Roméo lui tend le CD d'un paquet de céréales qui déborde de son sac Prisu...

La pétroleuse se renfrogne... prise en flag !

Et Roméo conclut :

– C'est aussi ça Saint-Tropez : des shorts en lamé qui avalent des couleuvres !

L'homme est drôle...

Et émouvant.

Emouvant d'excès. Et de cette rage qu'il met à vivre.

IL va vite, lui aussi. Vite et fort.

Pépita commence à le calculer très sérieusement. Alors que lui a surtout calculé le temps de cuisson de son tournedos (« trop cuit, non ?! ») – mais elle anticipe, anticipe tout à partir d'un détail : cette main. Rustre, large, cabossée et pouvant possiblement se poser sur son cul.

Le contenir.

Elle ne sait pas.

Il ne lui donnera pas la réponse.

Le dîner se termine.

Il la raccompagne.

A sa voiture.

Rasée

Trois jours plus tard, Pépita s'agite à la pompe à essence. Temps apocalyptique. Il pleut, elle fait le plein. Soudain, des pneus qui crissent : une voiture étrange vient se garer à ses côtés. Une 4L décapitée, toit en toile et sièges en osier, sans portières, un *modèle unique.*

Un homme amphibie s'en extrait.

Combi de plongée, plus K-way, l'homme déambule avec difficulté.

ELLE le reconnaît.

LUI la regarde. A travers la combi, le K-way, son œil est précis.

Et là, en un éclair, un instant, ils sont d'accord, ils veulent *ce qu'ils veulent* : se suivre, se rejoindre et un je-ne-sais-quoi que Pépita ne calcule pas.

Mais sait.

C'est une passeuse à l'acte.

Une flambeuse elle aussi, une instinctive, une fille qui sait qu'« il n'y a que les filles faciles qui ne couchent pas le premier soir », *dixit* Jean-Marie Rouart, un auteur dont l'œuvre culmine en cette phrase, pense-t-elle. Mais à cet instant, elle ne pense pas. Elle le suit.

Et là, c'est la combustion des matières...

Il pleut mais le soleil est radieux
Il pleut mais ils roulent à fond
Lui dans son modèle unique
Elle dans sa Mini Cooper
Lui dans sa combi
Elle dans son bikini
Lui à fond
Elle aussi

Chemins sinueux
Chemins en terre
Il l'emmène dans des chemins de traverse
Qu'elle ne connaît pas
La bagnole explose
Les bambous s'écartent sur leur passage
La carrosserie est lacérée

On s'en fout ?
On s'en fout !

Ils arrivent dans sa maison
Son squat plutôt
Ça va être rasé
La maison de famille
Il pleut

Ils regardent la pluie
Ils restent un instant
Un instant étrange
Un brin solennel
Puis il lui prend la main
Elles s'emboîtent directement
Ils entrent dans un chantier
Il lui rafistole un lit
Il l'assied
Elle se laisse faire
Il l'embrasse
Elle fond

L'orage se déchaîne
La nuit tombe en plein après-midi
Il l'embrasse encore
Elle se laisse manger
Etourdir
Il la dévore
Elle répond

La note est donnée

Puissante
Désordonnée
Volcanique

Exposition

Pépita est une *paumée*. Elle va encore détester que je dise ça, mais bon, je résume. Une paumée charmante, super diplômée, super socialisée, même dans cette version *très peu là, beaucoup ailleurs* qui annonce une certaine étrangeté : celle de ces femmes qui veulent tout et rien à la fois. C'est-à-dire TOUT ! La vie d'artiste et la vie de famille. Soit l'amour et la liberté. La vérité, mais d'abord la sienne. L'enfant mais la vie d'avant. Le ventre et la taille trente-huit. Le sexe et la grossesse. Le vin sans les cernes. La reconnaissance sociale mais pas le job salarié. La clope mais pas le cancer. Les questions mais pas les réponses, ou plutôt attendant les réponses mais finalement ne voulant que les siennes. Un dossier difficile. Mais attachant. Un regard, une main, un cœur, un corps qui va vers l'autre à condition, non, sans condition, mais dans l'espoir qu'il civilise cet excès, cette « paumitude », cette énergie indomptable qui est à la fois le talent et le *Talent*, autrement dit : ce prix payé.

Pour être.

Bon OK, vous pensez à juste titre : cas clinique, dossier mal barré... mais pas si vite. Ne sommes-nous pas toutes (et tous ?) divisées entre nos rêves et la réalité, notre quête d'absolu et nos compromis quotidiens, notre taille trente-huit et notre famille nombreuse, entre divorcer et rester, aimer et haïr, espérer et admettre ? Pas accepter, ce qui serait un compromis, mais admettre, ce qui est une reconnaissance.

De celui que vous aimez.

Roméo, lui, est un électron libre. Un saumon sauvage « qui suffoque sur le bitume », le Roi de la jungle (ça, c'est pour Pépita !), un être qui sait, citant Victor Hugo, *incroyablement* qui il est... Sauf que, citant le beau barbu, il en oublie exactement l'adverbe de la citation en question. Qui contient tout Victor Hugo. Il n'empêche, Roméo va vite, ne se pose pas de questions, a des « programmes » (mot strictement étranger à Pépita) et ne voit pas ce qu'on peut faire avec une fille. Sauf... hihihi...

Producteur de son état, autodidacte, raillant les diplômés qui *pensent* sans pouvoir *dépenser*, il provoque volontiers et observe la portée de ces ricochets. Portée max en la surface frémissante et fragile de Pépita.

Il a quarante et un ans, elle trente-cinq, mais tous deux appartiennent à cette catégorie florissante des « adulescents » : ces ados contrariés... par l'âge adulte ! D'ailleurs Roméo bouscule régulièrement son destin de *winner* (la version adulte du bambin) par des embardées viriles et sauvages qui le mènent à Zanzibar, en Alaska ou encore baie des Canoubiers, afin de trouver Le trésor de ses rêves...

Alors que Pépita pense qu'il est là. Le trésor...

TOI ET MOI

L'état de grâce

Le Lagon bleu

Imaginez une mer d'huile, un soleil de plomb, un petit bateau en bois au mouillage, des doigts de pied écarquillés de bonheur, d'autres doigts de pied (manucurés comme on sait...) qui s'y glissent et s'y enroulent... les magnifiant au passage : orteils de base élevés au rang de « petits travers de porc grillés ». Une couche de vernis en plus. A ce moment-là, de toute façon, Roméo n'a plus toute sa raison et Pépita est devenue sa « Tranche de Miel », soit un lit de douceur sous un monde de sucre !

Coiffée d'un chapeau de paille, la Tranche de Miel – qui n'entend pas fondre complètement – observe celui qu'elle a surnommé, sous le coup d'une inspiration amoureuse débridée (à moins qu'il ne s'agisse des effets pervers du pastaga !), son « Papillon léger ». Un beau morceau de cent dix kilos, à la louche, qui s'agite sur le pointu pour aller soulever le délicat couvercle du panier de pique-nique. Pépita contemple ce dos large, truffé de taches de rousseur, ces boucles blondes qui courent dessus, cette force douce en un seul homme.

Le sien.

Elle savoure son bonheur au fil de l'eau...

Seulement voilà, le bonheur, ça ne nourrit pas son homme et Roméo, même *in love*, ne perd pas de vue les choses sérieuses : son estomac...

– Fait faim, non ?

– Un peu...
– Fait soif alors ?
– Plutôt...
Pépita ne dit jamais non à ce qui ajoute de l'ivresse à l'ivresse et ce petit rosé gouleyant ne fait que l'étourdir davantage...
– Et si on faisait des oursins ?
– ?!
– Oui ! Allez viens, prends ce couteau, on va nager jusqu'au rocher et « faire des oursins »...
Opération qui consiste à grimper, pieds nus, sur le rocher en question, à repérer des oursins, avec ou sans masque, à les extraire de la roche, mains nues, et à les ouvrir sous le soleil... Le tout en évitant de pousser des petits cris de douleur, ça ferait fuir les poissons !
Pépita s'exécute, et ne dit rien, malgré les incidents de parcours...
La petite est fière et le lagon bleu n'est pas un chemin sans épines...
Roméo aspire goulûment la chair rouge et palpitante de ces merveilles, Pépita fait de même. Il vérifie que ses « petits travers de porc » n'ont pas trop morflé : elle lui tend un pied perclus d'épines. Il sourit, porte son talon charnu à sa bouche et lui arrache d'un coup de dent ce qui la faisait souffrir.
En silence.
Pépita est béate.
Elle tient son Robinson.
Elle est dans le Lagon bleu.
Elle et lui sont deux enfants sauvages.
Le paradis perdu est retrouvé !

La découverte du coléoptère

Après une virée i-nou-bli-able – La soirée « Lucioles » à Porquerolles et la découverte *émerveillée* de la bioluminescence du coléoptère (!) – Pépita en est convaincue : il n'y en a pas deux comme lui. Certes, la gazelle a les mirettes explosées : passer des heures à scruter le ciel en essayant d'apercevoir une bestiole phosphorescente n'est pas sans risque. Certes, elle aurait bien goûté (aussi) à la *bioluminescence* de la boule en alu qui devait tourner au-dessus de la tête de ses copines, aux Caves du Roy, sur fond de *Saturday Night Fever*... Mais la fièvre elle l'a, aux côtés de son homme.

Et puis elle aura quelque chose à raconter. Elle. Quelque chose de fort, d'original, d'unique.

D'ailleurs, elle n'a pas bien compris pourquoi Gwendoline, sa copine à la « toujours-recherche-d'un-mari » n'a pas voulu s'agréger à leur prochaine expédition. Non, elle n'a pas bien compris.

– C'est pas là que ça se passe ! lui a-t-elle lancé, filant droit vers le Club 55.

Vrai que la « pêche au gros » n'est pas la chasse aux papillons. Si « *légers* » soient-ils...

Roméo, lui, se sentait confirmé dans ses choix, il avait « une des plus belles gonzesses de la presqu'île » (surtout l'hiver ! Quand le village est vide...) qui aimait ce qu'il aimait, voulait ce qu'il voulait et disait oui à tout.

La preuve.

C'est à leur retour de Porquerolles, en pleine nuit, sous un ciel étoilé, qu'il lui a posé *SA* question :

– T'as un programme, toi, ces jours-ci ?

– Euh, non...

– Moi non plus... Si on se fiançait ?!

Champagne et pastaga !

Tout est donc allé très vite. Très vite et comme dans un rêve. Très vite et sur le mode du coup. Coup de foudre, coup de poker. L'inverse du projet. Pas la nature des tourtereaux, le projet. D'ailleurs, le programme n'est pas un projet mais une certitude, tandis que le projet laisse le temps d'y penser, de s'en approcher, de reculer, voire de l'annuler. Exemple : « J'ai annulé mon projet de vacances à Plouescat. »

Donc oui, Pépita dit oui, ne sachant pas si c'est *pour de vrai* ou *pour de faux*, mais elle se laisse emporter par l'instant, l'élan, la folie... l'Amour ! Elle ne sait pas, à ce moment-là, qu'il y a des instants qui durent toute une vie, elle ne sait même pas qu'il y a des vies qui durent toute une vie.

Non, elle ne voit pas plus loin que le bout de son nez.

Lui aime les coups « antidestin », elle les « coups de théâtre ». Ils étaient attendus sur un programme *single* longue durée, eh bien, non !

Na.

C'est comme ça que c'est arrivé.

Et c'est comme ça que sont arrivés tous les autres : Bob, le père de Pépita, Kika, sa mère, Magali, la sœur de Roméo, Più, son frère trader à New York (*so chic !*), Ringo, le playboy malheureux, Malou, la laborantine qui le fait souffrir, Gwendo, la « célibattante » suscitée, Jean, prononcez Djiiin, l'une des Toutes Grandes, Nick, son jules, un de Funès dans le business (du lourd !) Juliette, l'amie d'enfance (mariée, encore mariée, toujours mariée...), et enfin Tabasco, le copain psy, membre éminent du Club des Ex de Pépita avec lequel elle passera bientôt des heures au téléphone... Tous ceux-là donc, la famille, la bande de *winners* (comme ça que les appelle Roméo), les cœurs blessés ou pris et enfin, cerise sur le gâteau de fiançailles, les copains du cru, ceux de Roméo, gardiens de l'enfant qu'il a été, l'enfant prodige resté fidèle...

L'Enfant mû par un éternel retour...

Voilà, ils partirent deux... ils arrivèrent cinq mille !

C'est là que tout a commencé.

Pépita et Roméo étaient d'accord, pas de cérémonie conventionnelle : on se la fait à la sauvage !

A la sauvage, c'était fait, dans le fond. Ils avaient pris tout le monde à la hussarde. Restait la forme, très vite trouvée : des fiançailles les pieds dans l'eau avec, au menu, champagne et oursins. Tout le monde pieds nus mais en blanc, et une petite réception sur un bateau, le capitaine pour témoin. Le capitaine, l'ami, le fameux, celui du premier regard, de la pizza derrière les poubelles et des propos prometteurs : « Une pièce de musée, pas deux comme lui... » etc.

Pépita est au Zénith. Roméo à l'Apogée. Beaux, blonds, bronzés, le trait détendu par la multitude d'endorphines qu'ils viennent de s'envoyer les jours qui précèdent... Ils sont au top !

Une altitude qui leur va bien...

Une altitude pas toujours facile à garder...

Mais en cet instant-là, tout est « conforme ». Tout, sauf le regard interloqué de Bob qui ne sait pas si c'est du lard ou du cochon. Tout, sauf la mère qui, zappant les questions de son mari, se met à faire des vocalises et à pousser la chansonnette sur des textes de Louise de Vilmorin (« Fiançailles pour rire » !). Tout, sauf la sœur dont on se demande si ça n'est pas elle qui se fiance : elle reçoit et les gens et les compliments. Tout, sauf la bande de *winners* qui n'est pas sûre que La Tod's (qu'ils se refusent à quitter) va résister à l'eau de mer et que la mimine manucurée va survivre à l'énucléation de l'oursin, à même la roche. Tout, sauf le frère qui arrive sapé comme un *golden boy*, raie figée et mocassins obstinés... Tout, sauf la bande du cru qui n'est pas convaincue qu'elle veut – réellement – copiner avec Arthur et Estelle, si *gentils* soient-ils... Tout, enfin, sauf un détail : on a perdu le fiancé !

Oui, tout à coup, Pépita le cherche du regard...

Et ne le trouve pas.

Elle se renseigne.

La sœur la remballe :

– Tu sais lui, il a vite fait de changer de programme...

Elle ne laisse rien paraître, mais un éclair d'anxiété la traverse. Sa petite robe en dentelle de Calais, courte et aérienne, s'envole le long de la plage. Elle zoome sur tout ce qui bouge...

Quand enfin elle repère un point, un point recroquevillé et affairé, un point follement concentré, un Roméo tout à sa trouvaille : une bouteille de Coca-Cola (pourrie !) au bout de laquelle s'épanouit une arborescence de corail... Le comble pour Roméo : la concaténation entre hier et aujourd'hui, entre la nature et l'inculture...

Les dieux sont tombés sur la tête ! Et Pépita sur le cul...

Ce qu'elle ne sait pas, c'est que ça n'est que le début.

L'homme est rappelé à son programme.

Il arrive triomphal, avec son trésor : la bouteille de Coca !

La fête continue, personne ne s'est aperçu de rien...

Personne, sauf Pépita.

Champagne !

... Et pastaga !!!

Pour tout le monde.

Exposition (suite et fin...)

La famille

Le père de Pépita : Bob. Homme d'affaires à la retraite qui s'emmerde et qui, pour s'occuper... emmerde les autres ! A des avis sur tout et notamment sur son gendre : un type *bien*... puisqu'il passe dans les pages saumon du *Figaro* ! Un type courageux, un type qui bosse, un type qui s'est fait tout seul (autrement dit : « comme moi ») et qui a réussi, « comme moi » encore. D'ailleurs, s'entend admirablement avec son gendre : oursinade, déconnade et propos misogynes, gentiment tenus ensemble.

Issu d'une génération où la vie se conjugue sur le mode du devoir et de la responsabilité. Complètement électrisé par sa fille (unique) qui se fout des apparences et lui explique, la clope au bec : « Tu sais, papa, on se moque de ce qui se fait ou pas, ce qui compte, c'est ton désir » et : « Comme disait grand-père : Qui parle dans mon dos, parle à mon cul ! »

Le paternel, dont la vie sentimentale n'a pas toujours été un parfait modèle de fidélité, refuse que sa fille s'octroie les mêmes droits – qu'un homme ! – et s'échine à vouloir la canaliser.

En vain.

Caractéristique : sainte Marie-Madeleine repentie.

La mère de Pépita : Kika. Folle. Au sens où les hommes l'entendent, ayant définitivement tracé une ligne entre les chiffres et les clefs de sol. Ne veut rien savoir de l'argent mais se dope à la musique : opéra mis à fond dans la maison, gammes hystériques les nuits d'insomnie, culte du chef d'orchestre et de l'artiste. Elle-même artiste *interrompue*, chanteuse adulée ayant cédé au conformisme de son époque : se marier, faire des enfants (un !) et renoncer à sa liberté pour embrasser une vie bourgeoise dont elle sort pleine d'ambiguïtés. Contente d'être Mme Machin mais frustrée de ne pas être elle-même. Entretient avec Pépita des rapports compliqués : « Deviens ce que tu es mais ne me dépasse pas » serait son message subliminal. Adore son « gendre » qui la séduit à grand renfort de baisemains, taxi Club Affaires et tables en vue, mais encourage Pépita à faire ce qu'elle-même n'a pas fait : voler de ses propres ailes ! Soucieuse de l'image, coquette, pomponnée, élégante mais désorientée sur les questions de fond.

Caractéristique : *double bind.* Envoie des messages contraires : aimante et jalouse, artiste et bourgeoise, femme et mère. Soit, rivale et amie. Shootée à l'opéra et à la moule marinière.

La sœur de Roméo : Magali. Dite « Gaga ». SEX BOMB repentie par obligation (la rareté des candidats) plus que par conviction, s'étant inventé « une carrière affective » (« La famille d'abord ! ») elle ne cesse d'intervenir dans la vie de Roméo. Il le lui rend bien, c'est-à-dire qu'il la « protège » et se fond dans ce trip sororal rassurant. Et, reposant. Son défaut : elle parle trop et se fait moucher régulièrement par Roméo qui a les écoutilles délicates. Mère célibataire, elle défend sa place bec et ongles et savonne la planche aux éventuelles candidates. Elle est la sœur œdipienne par excellence. Il y cède par intermittence, quand ça l'arrange – exemple : quand le frigo est vide et qu'elle a préparé un gratin de potiron. Elle est la mémoire familiale et surtout la femme toujours là quand toutes se sont barrées !

Caractéristique : illuminée rangée des voitures. S'est spécialisée dans la recherche généalogique et le roman familial.

Les copines

Juliette : La meilleure amie. Mariée jeune, sans ambition particulière sauf celle de faire ce que ses parents avaient raté : une famille... Mariée deux fois, la deuxième avec le témoin de son premier mari ! Point fixe dans la vie de Pépita, elle ne cesse de lui vanter les mérites du Couple, des dîners de Couples, du *home-sweet-home*, du p'tit mari... Et l'invite à formater son jules comme elle-même l'a toujours fait. Pourtant, une fois passé cette exaltation du bonheur conjugal, elle confie : « Moi, je saurais comment rendre une femme heureuse »... Signifiant par là que le p'tit mari n'a pas tout compris !... Vit par procuration les multiples rebondissements de la vie de Pépita, cette amie d'enfance un peu folle qu'elle envie à petites doses.

Caractéristique : eau qui dort. Miroir constant pour Pépita qu'elle s'efforce de ramener sur terre.

Gwendoline : Blonde et ronde célibataire de trente-huit ans, indépendante, éternelle maîtresse de ces hommes en vue, oscillant toujours entre l'idée du mariage bourgeois et celle plus moderne (mais plus difficile) d'être Sharon Stone ou Angelina Jolie (« un enfant quand je veux, comme je veux ! ») sans se préoccuper d'un père ou d'un mari (avant Brad, disons). Multipliant les amants, les séances psy et les consultations chez la voyante... Elle observe les pérégrinations de sa copine Pépita avec circonspection et l'invite à mesurer ses choix : renoncer ou non à l'intendance, prendre ou pas un *toy-boy* à l'occasion... Ou encore participer à ces nouvelles réunions de copines : celles où les *sex-toys* ont remplacé le Tupperware !

Caractéristique : mal barrée.

Jean prononcez Djiiin : A la croisée de la Femme d'affaires et de la Pintade... à Paris ! Très *ELLE Magazine* (Belle, Blonde, Riche, Indépendante, sac Prada et robe

Gucci), elle est la figure même de la femme moderne. Autrement dit : une furieuse réussite professionnelle et un fracassant ratage affectif. Super *powerfull* dans son business (elle sévit dans l'industrie du luxe où elle est crainte et respectée), elle se transforme en Toutou décérébré dès qu'elle franchit le seuil de la maison. Amoureuse d'un homme beaucoup plus jeune et, surtout, beaucoup plus riche, elle en a perdu toute personnalité et s'est réduite au rôle de super intendante habituée à « gérer » le harem de son jules. Terminator aux yeux tristes mais lucides, elle confesse : « Quand le rat est dans le fromage, plus le fromage est gros plus il lui est difficile d'en sortir ! » Tient à coups de longueurs dans la piscine du Ritz et de cigarettes qu'elle fume en cachette.

Caractéristique : achetée.

LES ÉCLAIREURS

Georgio dit Tabasco : L'ex. L'ami psy, le poil à gratter de Pépita. L'ami fidèle, membre éminent du Club des Ex de Pépita, son référent ultime, celui qu'elle consulte pour entendre ce qu'elle ne veut pas savoir. Séduisant, généreux, habile en conseils, une cata dans sa propre vie... Applique l'exact contraire de ce qu'il prodigue. Intellectuel, homme de gauche, il ignore l'argent mais aime le faste. Issu d'un milieu populaire, fasciné par les bourgeoises autant qu'elles le sont par lui, il secoue le cocotier des apparences, sans ménagement.

« Ne te demande pas ce que l'autre veut mais demande-toi ce que tu veux, toi » est le conseil clef qu'il donnera à Pépita.

Caractéristique : les cordonniers sont les plus mal chaussés.

Yolanda : La voyante. Authentique sorcière mexicaine débarquée à Paris pour « éclairer » les Occidentales en quête de sens... A recréé dans un studio du Marais, perché en plein ciel, un antre mystérieux dans lequel elle convoque les esprits « pour dénouer les situations difficiles ». Appartient au club très fermé des *dreamers* dont les images oniriques, annonciatrices des événements à venir, valent des fortunes... Activiste et branchée, elle n'hésite pas à intervenir *on line* dans la vie de ses « fidèles », prodiguant conseils et prescrivant potions magiques, directement importées de sa ferme de Cuixmala.

Caractéristique : doux mélange d'authenticité et de marketing, flair incontestable.

Paris, lendemain de cuite...

Alice en son pays...

Deux mois plus tard, Pépita et Roméo sont dans la chambre à coucher. Que dis-je ? Dans la salle de bains. Dis-moi, narratrice, tu te réveilles : la chambre ou... la salle de bains ?! Les deux, mon capitaine ! La salle de bains *dans* la chambre, à moins qu'il ne s'agisse de l'inverse, tant la somptueuse baignoire qui trône au milieu de la *pièce* (restons neutres) est à la taille du lit. Donc nous avons un lit, à ras du sol – un reste d'adolescence – et une baignoire qui, si elle est trop remplie, déborde au-dessus du lit et... au-dessus de la tête de celui qui y dort encore ! Enfin, à droite, la douche vitrée qui permet à Pépita d'assister à un spectacle embué mais complet, de l'athlète à la toilette. Et à Roméo de vérifier que l'épilation maillot est au cordeau.

Offrant une vision dégagée (un timbre-poste !) de l'Origine du Monde...

Et qu'elle s'effectue au rasoir. Et, debout. Cuisse légèrement écartée, pied cambré, mollet nerveux... Stop !

Spectacle vivant, parfois contrarié par la proximité des commodités qui, accolées à l'ensemble, offrent la possibilité de suivre l'intégralité du parcours sphinctérien de la première paire de fesses qui s'y pose !

Qui a parlé de *fonctions impolies* ?

Personne.

La chambre est lumineuse, mansardée, bourrée de placards, eux-mêmes bourrés de tee-shirts-éponges et de costumes trois-pièces. Les deux versions de Roméo : la version mer et la version ville, l'homme du week-end et celui de la semaine, l'explorateur et le *winner.* Car Roméo n'est pas seulement un accro de la suceuse, il est aussi un mec *successfull* qui sévit dans la production de films. Cosmétiques.

Ce que Pépita vérifie chaque matin, découvrant *via* des prototypes géants, un monde « TOUT EN GRAND » : grande est la bouteille d'Eau Dynamisante, grande encore celle de Baby Oil, maxi le Baume pour Pointes Sèches, géant le Tube de Biactol (!), immense le pot de Crème Anti-Vergetures (?), maxi les capotes (« Hihihiiii... ») et de là, de là, il n'y a qu'un pas...

Sitôt franchi.

GRAND EST ROMÉO.

Elle est comme ça Pépita, elle tire des conclusions.

Elle est métonymique. Elle prend la partie pour le tout.

Et sautille de bonheur. Elle a un programme chaque matin, mieux, un parcours beauté et les vertus de ce parcours sont immenses : entre la lecture des notices, les tests de crème, les erreurs malheureuses – oindre son petit cul à grandes giclées d'après-shampoing (!) – et les macérations dans des pastilles effervescentes à effet thalasso... elle est DÉ-BOR-DÉE !

D'où la réduction du Temps de (son) Travail.

Et ce constat : « Zoé est *vraiment* barrée » !

Je vous précise qu'elle est illustratrice et que, chaque semaine, elle honore un magazine féminin de sa rubrique « Zoé est barrée ». Et caresse, en outre, le désir d'être peintre... Or, depuis que Zoé, *alias* Pépita, vit « en grand », il est devenu beaucoup plus exaltant de rejouer, chaque matin, Alice aux pays des merveilles.

Dans la salle de bains.

Toutes disproportions gardées.

Dis-moi, narratrice, quand t'auras fini de nous faire ta balade en trois D, on pourra revenir à : « Pépita et Roméo sont dans la chambre à coucher. » On voudrait bien savoir ce qui s'y passe, bordel, dans cette fameuse chambre ?!

Ils cuvent.
Pardon ?!
Oui, c'est le lendemain du passage à l'acte.
Du raptus ?
De l'*acting out* ?
Faudrait voir à vérifier dans le dico de la psychanalyse...
Bref, c'est le lendemain du « truc » non réfléchi : Les fiançailles.
C'est le jour du RÉVEIL, aussi...
Ils sont côte à côte.
Dans un lit.
LE LIT.
Et n'osent se regarder...
Pour de vrai ou *pour de faux ?*
En attendant la réponse, ils replongent dans leurs lectures respectives : pour elle, Spinoza. Pour lui, les Bidochons...
Côte à côte...

– Dis, Bichon, t'aurais pas une aspirine ?!

Pépita derrière son arbre...

Pépita est divisée. Entre l'appartement du haut (chez lui) et l'appartement du bas (chez elle). Entre sa vie avec lui et sa vie sans lui, retrouvée à Paris. Et séparées par cinq cents mètres de distance. Soit, sept minutes à petites foulées dans le sens de la descente et beaucoup plus quand il s'agit de remonter les pavés – si verts soient-ils.

Pépita est divisée. Entre ses jours et ses nuits. Ses nuits avec lui, petit déjeuner compris, et ses jours sans lui, fussent-ils habités par une pensée unique... Mais une pensée n'est ni un corps, ni un décor, ni un rythme avec lesquels « apprendre à vivre ». Non, l'autre dans la tête n'est pas l'autre dans les cannes et, sur ce point, Pépita et Roméo sont d'accord.

Deux apparts, pour commencer...

Argument invoqué : c'est plus moderne !

Argument tu : c'est plus prudent.

Ainsi Pépita passe, chaque jour, chaque matin, d'une initiation au dosage du thé – « tu mets l'équivalent d'une belle couille bien remplie ! » – à une redescente vers un monde moins imagé mais tout aussi poétique. Son appartement.

Son appartement. Son arbre, dans l'axe de son bureau. Sa bibliothèque, à double-fond. Ses livres, qui la protègent. Ses bougies, ses papiers, ses crayons... ses dessins, son monde. Elle passe de *la couille bien remplie* à « L'Orange » de Francis Ponge, elle passe de l'art de la tartine (tranchée ultrafine, afin que, grillée, elle craque idéalement sous la dent) à celui de la calligraphie (énervée du pinceau qu'elle est !). Elle passe de l'autre vécu, à l'autre pensé puis attendu...

Elle passe surtout sa vie au téléphone.

*
* *

Sa vie au tel avec Juliette

– Allô, Ju ?

– Ah, c'est toi !

– Oui, c'est moi... Suis chez Roméo.

Pépita appelle de chez son fiancé, preuve – pour elle et pour les autres – que la situation est bien réelle.

– J' suis dans sa cuisine, je finis mon p'tit déj'...

– T'es toute seule ?

– Ouais, il est parti tôt : réunion avec le big boss de Schtoffoel, la choucroute... .

– Il *fait* dans la choucroute maintenant ?!

– Non ! Il « fait » toujours dans La Beauté mais il cherche à élargir son champ... et à promouvoir des « valeurs vraies » *via* des plats de tradition.

– C'est beau... Mais passer de l'eau dynamisante à la potée, ça demande une sacrée capacité d'adaptation !

– Il l'a !
– Je parlais de toi !
– Ben, moi, j' suis ouverte à tout !
– Je sais... Et sinon, ça va ?
– Franchement, c'est génial !
– Quoi ?
– Cette vie à deux...
– Tu vois, te le disais...
– Ouais, mais il me fallait un *vrai* mec...
– C'est-à-dire ?
– Pas un con qui me demande en fin de journée si j'ai pensé aux petits-suisses !
– Certes... Il te demande quoi, lui, alors ?
– Ben, euh... rien. Justement, il ne me demande pas. Il décide.
– Ça doit te changer...
– Plutôt ! Je me sens vraiment *femme* maintenant...
– C'est-à-dire ?
– C'est-à-dire que c'est lui, l'Homme...

Sentant que Pépita est en boucle, Juliette change de sujet :
– Et son appart' ?
– Un rêve ! Son appart', il est à son image... super original. Tiens, sûre que tu vas pas deviner, tu sais ce qu'il a mis dans la bibliothèque ?
– Euh, des livres...
– Mais non, t'es bête ! Des bouteilles de vin ! Fallait y penser, non ?! Et pis attention, pas de la bibine... Des grands crus : des saint-émilion, des château-pétrus, des, des... enfin bref (Pépita abrège, elle n'y connaît rien) des bouteilles qu'il commande spécialement dans des grands restaurants...
– Tu dois te régaler !
– Oui, d'autant que question cuisine, c'est dément ! Tiens, ses pâtes à l'ail, par exemple, avec un filet d'huile d'olive et du parmesan (en provenance directe de Parme...), c'est à se rouler par terre !
– C'est ce que tu fais ?!
– Ben, euh, ça dépend... Hihihihiiii...

– Et puis l'appart' est rempli à craquer de foie gras, de truffes et de... pieds paquets !

En bocaux.

– ???

– Ouais, les pieds paquets : un genre de tripes... Bon, OK, la première fois c'est surprenant mais après, tu te rends vite compte que le carpaccio de bœuf, c'est d'un commun...

– Et tes jolies p'tites fesses, t'y as pensé ?!

– Mais oui, je fais gaffe, et comme dit Roméo : ce qui est bon n'est pas mauvais ! Et puis, il est tellement inventif, en cuisine comme ailleurs... Par exemple, l'autre soir, on était au lit, j'avais pas de lampe de chevet (normal, ça fait quarante piges qu'il dort tout seul ou avec des décérébrées). Eh bien, il s'est levé, a disparu dans la cuisine et il est revenu... devine avec quoi ?!

– J' sais pas, moi, une lampe torche...

– Vraiment, tu comprends rien ! Non, il est revenu avec un plat à vapeur chinois dans lequel il avait planté une ampoule électrique avec un fil. Il a branché, ça a marché ! J'étais bouleversée... Tu te rends compte : me fabriquer ça, de ses mains, avec trois fois rien... Te dis pas la pipe que je lui ai faite !

– Non, me dis pas.

– Et puis le matin, quand j'arrive dans la cuisine, souvent je le découvre penché sur des cartes... C'est le moment où je le trouve le plus touchant : il prépare ses futures expéditions, il rêve, il me montre, il m'explique, il me fait partager sa passion...

– Donc, tu pars bientôt ?

– Non, je reste.

– ???

– Ben, oui, c'est des trucs de mecs... Ulysse et Pénélope, ça te dit rien ?!

– Si, des années à attendre... avec un chien !

*

*   *

Sa vie au tel avec Tabasco

– Allô, Tabasco ?
– Ooooh, c'est toi…
– Ouais, *chéri*, ça va ?
– Comme d'hab' : les patients… un ou deux suicides… et toi, la jeune fiancée ?
– Eh bien, figure-toi que ça me convient parfaitement !
– Mais encore ?
– Rien à dire, je suis tombée sur une perle : un mec extra-or-di-nai-re qui sublime le quotidien et fait des trucs pas possibles pour moi…
– Tant mieux, il était temps que tu sois heureuse avec un homme…
– Mais je l'étais !
– Avec UN, j'ai dit…
– Tu chipotes…
– Donc alors, ces trucs pas possibles, c'est quoi ? Sexuel ?
– Non, hihiiiii, t'es bête… Non, des Vrais Trucs. Tu vois l'autre soir, on rentrait de Saint-Tropez en avion, il avait laissé son scooter à l'aéroport et on voulait repartir tous les deux. Seulement voilà, j'avais pas de casque… Eh ben, devine ce qu'il a fait !
– Il t'a commandé un taxi ?
– Mais non, décidément, vous ne comprenez rien !
– Comment ça, vous ?!
– J' me comprends… Donc, je reprends : il a visé un scooter, repéré un casque accroché à un antivol, il a forcé l'antivol, piqué le casque et, et… il a glissé un billet de vingt euros sous la selle du mec avec un mot : « Désolé, mais ma fiancée a la tête fragile ! »
Tabasco éclate de rire et ajoute :
– Il a pas tort !
– Qu'est-ce que tu veux dire ?!
– Rien de plus…
– Mais c'est pas de « ça » que je te parle ! Je te parle

de ses actions spontanées, du fait que pour lui TOUT est possible, qu'il a toujours une solution à TOUT et que, même quand il vole, il le fait avec élégance…

– Un gentleman cambrioleur…

– Exactement !!!

– Et après, le gentleman, il a fait quoi ?

– Il m'a mis des lunettes de soleil sur le nez, pour protéger mes yeux du froid et des insectes…

– Des lunettes de soleil à 22 heures ?!

– Ben, ouais, où est le problème ?

– Le problème c'est que t'as pas dû y voir grand-chose !

– Voir quoi ?! J'étais collée derrière lui, à fond : il *voyait* pour deux.

C'est ça, un homme !

Ça et aussi ça…

Les premiers dessalages

Une pintade à Paris...

Premier dîner avec les potes de Roméo : Pépita arrive... bourrée ! Pardon ?! OK, c'est une façon de parler mais vous commencez à connaître la narratrice, elle exagère un brin. N'empêche, Pépita ne se pointe pas nette nette ce soir-là. Pas tant qu'elle titube, non, elle est surex. Surexcitée, si vous préférez. Entre trouille et impatience. De rencontrer ses potes, d'être rencontrée par eux. Et de retrouver Roméo aussi, tout simplement.

Elle déboule donc à la Papille folle, l'une des adresses fétiches de Roméo, la boucle sautillante et... poussiéreuse.

Rapport au réaménagement (intérieur) de son appartement.

Réaménagement éprouvant, vous savez ce que c'est : vous fouillez, vous farfouillez, vous retombez sur des trucs, toute une vie écoulée... Du coup, vous buvez un coup, puis deux, vous relisez des lettres, vous regardez des photos, vous rebuvez un coup... Vous triez des vêtements, vous retombez sur des livres, des pages cornées, des bouchons de bouteilles de champagne (conservés dans des petites boîtes) qui évoquent des Premiers tête-à-tête... Bref, le Club des Ex redéfile et pas seulement : la vie d'étudiante, les premiers croquis d'illustratrice, les grandes feuilles Canson avec ses premiers nus, planqués car... incertains.

Comme Pépita ce soir-là.

Comme Pépita qui en fait *trop* quand elle se sent *pas assez.*

Comme Pépita qui, sortant d'un taxi et espérant une lumière tamisée (afin de flouter l'ambiance), découvre – horreur, malheur ! – un *putain* de restaurant éclairé aux projecteurs !

De quoi hésiter... à en franchir le seuil.

L'excitation reprend le dessus, elle entre. La salle est pleine, ouf ! Elle réajuste son petit tailleur pied-de-poule, parfaitement déconnant en la circonstance : trop *Fig Mag*, pas assez Canal, trop femme pas assez androgyne, trop sophistiqué pas assez *cool attitude*, trop première de la classe à un examen de passage... Elle prie pour que ses *stay-up* ne la lâchent pas et oriente ses escarpins dans la direction de LA table. La table où elle a repéré son homme. Avant lui : impossible donc, de s'accrocher à son regard pour franchir les derniers mètres qui LA séparent de LUI.

Elle arrive à destination, les visages se relèvent, ils scannent l'engin, son tailleur pied-de-poule, ses jambes, sa bouille, son regard enfin, qu'elle a clair et direct. Ça ne dure qu'un instant. Les présentations sont vivement expédiées et la table reprend sa conversation. Ou plus exactement son conciliabule créatif puisque chacun y va de son coup de stylo sur la nappe en papier. Déjà méchamment griffonnée. Ce qui impressionne Pépita tant il vrai que rien ne l'impressionne plus que la création spontanée. Elle regarde son homme, son homme heureux, son homme chaud, son homme serein. Son homme de la mer à la ville, son homme dans son élément, son premier cercle parisien qu'elle découvre... En mots, en bons mots, en jeux de mots, en scuds, en attaques, en revers, en coups droits. Une partie puissante sous ses yeux. Entre une blondinette au sourire carnassier qui officie dans la prod', un avocat spécialisé dans les stars TV, un réal' de pub, un play-boy fraîchement largué par Ophélaïiii, un dessinateur de renom, un vendeur d'avions et un aventurier à particule qui sévit dans les matières premières.

Tous en *friday wear* que le pied-de-poule heurte d'office...

Et réciproquement.

Et qu'il va falloir tester.

D'autant que la pintade sourit mais n'émet aucun son.

D'autant que Roméo, fier de son Ophélia – à ne pas confondre avec Ophélaïiii – veut qu'elle se mette à parler...

L'encourageant en cette phrase : « Elle a un esprit fou ! »

Une phrase super casse-gueule...

Une injonction à être drôle !

Le con !!!

C'est là qu'elle subit un bizutage en règle.

Amical mais certain.

Amical mais efficace.

Amical mais Total.

C'est aussi là qu'elle sort de ses escarpins...

Et qu'électrisée à la vodka, dopée par le désir, elle fusille l'assemblée !

Roméo sent qu'il perd le contrôle de la situation, ses amis sont hilares mais bouche bée. Quant à la bouteille de vodka, elle est priée de ne plus lui passer devant le nez !

C'est pourtant là qu'elle conquiert ses lettres de noblesse et que le dossier (c'est-à-dire elle) est qualifié « en direct » de conforme, soit (hyper) drôle et (super) intelligent, mais... surprenant : « Première fois qu'on le voit avec une meuf qui répond ! »

A cette réserve près : « ELLE PARLE TROP. »

Ce qui donne, en anglais : « *Nice tits, nice legs, big mouth* » !

Réserve qui n'empêche pas le verdict final : « C'est vraiment de la came ! »

Les temps changent...

Le cigare de trop...

Premier dîner avec ses amis, Pépita a préparé le terrain. Des deux côtés. De l'un, elle a dit : « Tu verras, des gens sensibles, fins, intelligents... cultivés. » De l'autre : « Il est super drôle, excessif, lâché, ouvert... généreux. » A l'un elle a dit : « Des copains de la fac. » Aux autres : « Un chasseur de trésor et un ténor de la prod'. » Ça Le posait Là.

Et elle aussi.

Elle a préparé le terrain. Et l'a choisi, surtout. Pas n'importe lequel, pas des copains de la fac qui y sont encore mais des copains *à idées et opinions*, les uns journalistes, les autres psys et (ou) écrivains qui reçoivent dans un appart' à moulures du boulevard Saint-Germain... Avec La Très Grande Bibliothèque, les œuvres d'art, les livres de photos et les catalogues d'exposition sur la table du salon. Donc, très loin de la chambre de bonne ou du petit appart' du 5 qui guigne sur le 6 mais sent les fins de mois difficiles... Elle a choisi ces copains-là, et espère faire passer Roméo des histoires drôles (le concours de blagues étant le summum des fins de dîner chasse-spleen !) aux drôles d'histoires : celles de la folie ordinaire ou celles de reportages lointains qui le séduiront sûrement. Elle espère surtout lui faire prendre goût à LA CONVERSATION. L'échange, l'écoute... Et tout ce qui fera rupture avec ce que Pépita nomme déjà, malgré sa béatitude amoureuse, le degré zéro de la discussion...

Je précise que ses copains, elle les tient certes de la fac et d'un parcours en zigzag qui l'a menée du journalisme au dessin, en passant, depuis peu, par la psycho... Mais elle les tient aussi d'un richissime parcours amoureux qui l'a amenée à découvrir de nombreux corps de métier... Ainsi Pépita a su, durant toutes ces années, élargir son champ de relation. Et de vision. D'où sa préoccupation actuelle : en faire bénéficier son homme.

Se faire mousser aussi.

Ne pas s'arrêter là surtout.

Enfin, ne renoncer à rien.

J'entends : réunir à la même table l'intelligence et l'argent, dans la même vie la culture et la nature, l'amour et l'amitié, les Ex et l'Actuel, enfin cultiver l'érotique du Sud sans jamais perdre le Nord... En clair : continuer à lire Pavese et son *Métier de vivre* (le journal de son suicide !)

sur un yacht de quarante-cinq mètres, à côté d'un mec abonné au *Journal de la Baleine*.

Un pari osé. Mais bien bordé, dont le test *in vivo* va s'effectuer ce soir.

Oui, car Pépita a largement bordé son affaire. A une inconnue près, les moitiés de ses copains. Qu'elle maîtrise moins bien mais se réjouit de découvrir. Un zeste d'anxiété en plus... Confirmée par les premiers « bonjour » à des costumes gris et sérieux en train de commenter le dernier masque africain acquis par l'appart' de Saint-Germain. Seule Cécile, sa copine psy et Gucci, la rassure : elle allie magnifiquement l'allure branchée et la pensée éclairée. Voire éclairante. Pépita suppose qu'elle sera une passeuse (de message) parfaite : un *fion* d'enfer et une façon de « faire des phrases » incomparable, qui combine douceur et efficacité.

Enfin, en général...

L'apéritif traîne, on attend Roméo. Pépita l'excuse, les autres ne disent rien. Ils évaluent l'importance du bonhomme à son retard grandissant. Des ondes d'hostilité traversent les esprits... C'est au moment où on ne l'attend – presque – plus que Roméo débarque. Une bombe ! Speed, boucles hirsutes, œil hagard, costume explosé par la journée, cravate irradiant de pois multicolores (ultrachic, selon lui !) et, enfin, Roméo et Juliette dans la petite poche supérieure de son costume trois-pièces... Le cigare de trop. Le cigare qui annonce la couleur.

Ou la confirme.

Baisemain à l'hôtesse. Serrage de pognes. Regard circulaire et rapide, Roméo a déjà compris : ça va pas rigoler... Il est chez des gens qui, de toute évidence, « font des phrases »... Ce qui, venant d'*êtres parlants*, l'étonne toujours, lui qui réserve ça à ses clients, mais se réserve à lui la rigolade, la marrade, les grosses conneries, le lâchage, le *free style* et le... *no think !*

Pas de *free style* ici.

Non, du style tout court. Un certain style. Le dernier livre lu, le séminaire sur l'Angoisse, le quai Branly (« Dis, Pépita, en parlant de Branly... y z'ont pas fini de se pignoler, tes copains ?! »), la dernière expo Klein, l'art africain... et enfin, terrain dangereux mais inévitable pour les quelques moitiés à ambitions monétaires, ici présentes : le business. Terrain dangereux... Roméo laisse venir et là se fait plus doux, il sait qu'il pourrait exploser ces mecs à quatre mille qui « attendent le vendredi soir pour parler affaires » alors que LUI qui est à « beaucoup plus » n'en parle jamais !

La honte. Des petits joueurs. Pépita lit dans les pensées de Roméo, elle craint que les petits joueurs n'en fassent trop et que Roméo ne se déclenche. Mais, surtout, elle ne sait si elle doit regarder ses copains avec les yeux de Roméo ou regarder Roméo avec les yeux de ses copains... Yeux qui s'écarquillent chaque minute davantage car Roméo ironise, d'abord sur les mecs super diplômés. Ensuite, sur le business (puisqu'on l'y convoque) en désacralisant la chose, évoquant son mirador de producteur avec humilité (feinte) tout en balançant des noms qui font mouiller les culottes (à commencer par celle de Pépita) et flamber le fantasme d'une autre sphère...

Le dîner se termine.

Roméo les enfume.

Cécile reprend la conversation. Il la fait rire. Les petits joueurs poursuivent avec leur plan d'épargne. Roméo félicite la psy pour son clafoutis aux cerises.

Qui lui laissera, dit-il, un souvenir impérissable...

« BIG is beautiful »...

Roméo veut du lourd. Il va en avoir ! Pépita choisit son ex-boss, un gros producteur pour lequel elle réalisait des *story-boards* du temps où elle hésitait entre le dessin de commande et le dessin d'opinion. Avant Zoé, pour vous situer. Elle choisit son ex-boss donc, un poids lourd de la prod' et un poids lourd tout court. Un autre beau bambin qui frise le quintal... Un des qui en imposent : aristo, fine gueule, grande aussi, malin, bon vivant, angoissé juste ce qu'il faut. Habile. Toutes sortes de qualités dont Pépita imagine qu'elles rejailliront sur elle. Et réciproquement, pensant illuminer le dîner de sa divine présence. Et s'imposer comme rangée des voitures auprès de son dubitatif mais amical (ex) patron. Auquel elle présente, ce soir, son modèle unique !

Il s'en montre ravi, d'autant que Roméo n'est pas quantité négligeable dans l'univers impitoyable où il sévit... Et que lui et « son réseau », un mot que Pépita vient de découvrir et emploie avec des mines de conspiratrice, l'intéressent. Mais ça, il ne l'a pas précisé et c'est donc en toute innocence qu'elle s'est piquée d'organiser cette rencontre. Avec ce bénéfice secondaire espéré : une double valorisation de l'entremetteuse.

C'est ainsi qu'elle se retrouve telle une plume entre deux sangliers... Dans un restaurant de poissons, rapport au souci partagé de ces deux ventres, de *faire léger.* Légère la conversation, léger le dîner, une petite friture pour commencer, deux loups de mer, de la salade et du bon vin.

Pépita trône, elle se gondole de plaisir, introduit les uns aux autres, ignorant qu'ils se sont « *googleïsés* » tout l'après-midi avant de se mettre à la même table. Pépita comprendra ultérieurement que l'importance du CLIENT se juge au nombre de « googleïsations » dont il a été l'objet, mais pour le moment, une fois encore, sa candeur l'honore.

Pourtant, une fois passé les commentaires sur la finesse de la friture et le repérage de l'un par l'autre *via* leurs bonnes adresses respectives, la conversation change de tour... Ils ne vont pas *grossir inutile*, ni se coucher tard pour rien, non, ils sont là pour ça : le business. Une fois encore. Soit former, déformer, informer et très vite le badinage fait place à un échange digne de la rubrique Eco de chez LCI... Encore plus vite, Pépita apparaît aussi essentielle que la minute blonde version brune – soit une respiration mammaire dans un monde de brutes... Tout cela, bien sûr, sur un mode *hypercourtois* : chacun n'ignorant pas qu'ils peuvent, à tout moment, se sauter à la gorge... Tout cela, bien sûr, au milieu des grands crus et des gros cigares, les deux ogres se souciant peu d'asphyxier la virgule au milieu d'une phrase qu'ils tentent tous deux de finir...

Le sourire de Pépita reste la seule manifestation sensible de sa présence.

Et de sa dignité.

Hypervexée qu'elle est.

C'est là qu'elle comprend que ses beaux yeux n'y suffiront pas...

Le Moulin Emballé...

Pépita tarde à marquer des points. En clair, s'imposer. Ou à tout le moins affirmer son monde, ses amis, son boss, sa conversation... Elle tire sa dernière carte : papa.

Papa, papounet, papou, papa homme d'affaires, papa Bloomberg, papa *Fig-éco*, papa clubs de golf, papa Porsche Cayenne... Papa qui en impose. Ce qui un jour irrite Pépita, un autre l'arrange. Un joker pas franchement inutile, un « tuer-le-père » impossible. Ce papa qui, parfois, l'appelle encore Pépitache (!) et auquel elle s'est empressée de faire promettre que jamais, jamais il ne dévoilerait ce surnom... D'autant que, d'ici peu, Roméo arrivera avec une trouvaille encore plus efficace : Ploc-Ploc, rapport à l'eau qu'elle a entre les deux oreilles et qui se signale comme ça, quand elle remue la tête de gauche à droite...

Donc, rebelote, Pépita veut amener Roméo sur son terrain et redorer son blason auprès d'un Papa qui ne croit plus, ni au sérieux sentimental de sa fille (sa constance), ni même à son discernement (ses choix d'objets étant jugés calamiteux) : « Tu ne me ramènes que des cloches ! »

Bon.

Précisément, Roméo n'a rien d'une cloche et c'est lui qui, sous l'influence de Pépita, propose ce dîner. Il pioche parmi ses cinq-six cantines et choisit un bouchon lyonnais dit Le Moulin Emballé, qui annonce là un dépucelage à la quenelle et une confirmation au jambon brioché !

Soit.

Pépita est prête, elle sait que les ventres vont exploser mais que c'est à ce prix qu'on peut le rencontrer. Pour autant, elle sécurise la situation ou plus exactement la rééquilibre avec des êtres parlants (et pas seulement mastiquants) : son meilleur ami Tabasco que Roméo « apprécie énormément » et sa meilleure amie du Sud – de passage à Paris – qu'il « adôôôre » pour une qualité essentielle, elle est... « *parfaitement baisable* » !

Enfin ses parents, soucieux de rencontrer Roméo dans le Nord afin de vérifier qu'il n'avait pas, « en fiançant » leur fille, perdu le sien !

Que de l'amour, en somme...

... Et du spectacle, beaucoup de spectacle. Un Roméo déchaîné dès le seuil du restaurant, qu'il franchit d'un bond : il entraîne ses invités dans son sillage, vise sa table, précise que c'est la meilleure, soit la plus près des cuisines, salive à cette seule idée, serre la louche du patron, M. Lemarié, le vanne au passage (« Alors, monsieur Lemarié, toujours pas ?! »), déclenche les rires, embrasse la menotte de mère, flatte le cul de l'amie...

Tout cela, bien sûr, pour faire plaisir à tout le monde.

Roméo ne jouit jamais seul. Enfin, en général.

Il officie. Commande le vin. Raille le père qui aime *les petits vins légers et frais* et lui impose une bonne vieille bouteille de bordeaux. Le père y glissera deux glaçons... Na !

Deux glaçons qui feront bondir Roméo et qui seront – avec l'addition que Bob réglera d'autorité – ses seules manifestations de résistance...

De toute façon, le père n'est pas là pour résister, il est là pour voir ! Voir ce que lui a ramené sa fille. Voir sa fille et ce jules sorti du chapeau. Voir ce Roméo qu'il connaît dans le décor du Sud mais méconnaît dans son costume d'homme d'affaires, son costume d'homme tout court, à la tête d'un drôle d'oiseau, sa fille...

Sa fille dont il n'a de cesse de vouloir contenir les élans. Sa fille qui lui balance : « Tu sais, papa, à Paris, les gens ne se demandent plus : Est-ce que ma femme me trompe mais... Avec qui ?! »

Alors que LUI, Bob, ne l'entend pas de cette oreille...

Bob est un homme et un homme, ça fait la Loi !

Roméo est-il suffisamment burné pour ça ? Roméo est-il suffisamment mature pour avoir les réflexes bourgeois (?!) et sécurisants qui contiendront les débordements en tout genre ?

Bref, Bob n'est là ni pour la quenelle ni pour le jambon brioché, il est là pour expertiser cet *attelage* et estimer ses chances (risques ?) de survie. Car Bob est ambivalent sur le sujet : lâchera ou lâchera pas sa fille unique ?!

Les paris sont pris mais, pour le moment, Pépita a une longueur d'avance : elle est fiancée... Et plusieurs de retard : elle rame derrière son jules.

D'où papa.

Qui – ô rage, ô désespoir – se laisse séduire, il faut bien le dire... Non seulement Roméo a les honneurs de la revue *Challenge* (« un mec sérieux ») mais en plus, c'est un *show man* exceptionnel : le sérieux et la fantaisie en un seul homme !

Preuve faite à la mère que *le glaçon* (le rosebud de papa) n'est pas une fatalité...

La situation échappe une fois de plus à Pépita. Elle installe son sourire et s'enfonce un peu plus dans la moleskine rouge de la banquette arrière du restaurant...

A cet instant-là, elle est ravie.

Au sens propre.

Elle est absente d'une pièce de théâtre qu'elle-même a initiée mais dont le déroulé suit son cours, malgré elle. Ou, en dehors... Elle ne dit rien, ce qui se remarque. Elle ne dit toujours rien, ce que tout le monde apprécie. Sa mère surtout : « Enfin un qui la fait taire ! » Son père aussi, qui *décide* d'y croire... Sa meilleure amie est hilare. Son copain psy et ex ne dit rien, ce qui ne le change pas, mais n'en pense pas moins, ce qui ne le change pas non plus...

Quant à Pépita, elle se félicite (il lui reste ça !) de donner autant de bonheur à son entourage... Elle se félicite, mais se demande ce qu'elle fout là ?! En face de Roméo et pas à côté, cuisse à cuisse, épaule contre épaule, mains s'effleurant, regards complices, baisers volés...

Non, Roméo est dans un spectacle max de démonstration mâle, indiquant qu'il a la situation bien en main.

La preuve : la fille ne moufte pas.

Elle a trouvé son maître. Celui qui la comble toute et monte au filet à sa place.

Ce qui est vrai. Et reposant.

Ce qui est vrai. Mais ne dure qu'un temps.

Pince-moi, je rêve !

Pépita décide de resserrer le champ, elle veut en avoir le cœur net :

Y a-t-il une personne derrière le personnage ?

Elle le prend, *in vivo*, sur son terrain.

Les courses à Casino : L'Homme pressé... sans Alain Delon !

Roméo au supermarket, c'est un peu L'*Homme pressé* sans le costume. Et... sans Alain Delon ! Roméo au supermarket, ça n'est arrivé qu'une seule fois.

D'abord, la chose ne s'est pas faite comme ça. Il a fallu, au préalable, invoquer des problèmes de dos et donc de packs de Volvic lourds à porter (le pack de Volvic étant le symbole de la participation du sniper à la vie du ménage), puis il a fallu créer un état de choc : un frigo immensément vide. Enfin, il a fallu bénéficier de conditions météo favorables : un temps de chien. D'où La Question : Quoi faire ce week-end ?

Suivie de La Réponse : LA CUI-SI-NE.

Autrement dit, les courses ! Et là, Pépita enhardie propose... LE CASINO. Roméo la regarde étrangement mais relève le défi. A une condition : passer par le petit magasin d'à côté – un shipchandler – pour acheter deux ou trois bricoles. Deal ! Et voici notre Pépitache dans une caverne d'Ali Baba d'un genre inédit à trottiner derrière son beau dans des allées de cordes, canevas, drapeaux, vis, etc., découvrant par le menu, et dans le détail, un univers qu'elle connaissait fini, soit quand tout est posé, son cul y compris... Et Là, OUI là, lui est révélée la stupéfiante richesse du monde des pièces détachées. Résultat : deux heures de remorquage à l'arrière du wagon de tête qui vérifie d'un coup d'œil par-dessus l'épaule qu'elle est bien éblouie par ce qu'elle découvre... Elle s'exclame, questionne, pousse des petits cris d'exaltation et attend que la plaisanterie se termine. Et que les choses sérieuses commencent. A savoir : les courses à Casino et un choix tant minutieux qu'exhaustif de tout ce qui est sur LA petite liste qu'elle tient précieusement dans sa mimine. Fin du ship', début du marathon.

Roméo décide de prendre le taureau par les cornes : il arrache La petite liste des mains de Pépita, la déchire en deux, saisit brutalement deux chariots, lui en colle un dans les pattes et suggère, alors que lui-même est déjà dans les starting-blocks, de se retrouver aux caisses dans... vingt minutes ! Il ajoute : « Si t'hésites entre la gelée de groseilles et le miel de sapin, t'as ton portable, moi le mien... on s'appelle ! »

Cinq bonnes minutes plus tard, la belle est toujours plantée là, au milieu du parking, avec son chariot et sa moitié de liste. Les boucles blondes qui l'accompagnaient sont déjà loin et ses rêves de pousser-le-Caddie-à-deux encore plus ! Elle se ressaisit, un brin défaite, et part à la recherche des poireaux qui figurent en tête de sa liste.

Un nuage de poussière la précède, elle sent qu'elle est sur les traces de Tarzan. D'ailleurs, il ne manque pas de l'appeler pour vérifier où elle en est de sa demi-liste. Parce que lui, la sienne, elle est presque « *toute rayée* ». Rageusement, s'entend. Là, Pépita n'a plus aucun doute : elle n'est pas avec un con qui fait LES courses mais avec un malade qui fait LA course.

Et qui a déchiré sa petite liste. D'où le drame et l'impossibilité de se laisser aller à sa fantaisie acheteuse en bourrant joyeusement le Caddie.

D'où le retour à la banalité – faire les courses – alors qu'elle se voyait chevaucher son destrier quadrillé à grande vitesse et rire avec son amoureux de toute l'incongruité de la situation. Celle qui consiste à *faire couple*. Puisqu'un couple, ça fait les courses, non ?

D'où des retrouvailles semi-moroses aux caisses et la réflexion du gaillard :

« J'ai travaillé toute ma vie pour ne pas faire les courses à Casino et me voilà, un samedi matin, à foutre des paquets de yaourts et de beurre allégé sur un tapis roulant ! »

Est-ce à cause du beurre allégé ou de l'atteinte à sa triomphale position d'homme-qui-ne-fait-pas-les-courses-à-Casino que Roméo en fait tout un fromage ?

Dieu seul le sait.

Dieu, c'est-à-dire lui-même.

L'Ours aux fourneaux...

Oubliez immédiatement ce jeune chef anglais ultrasexy (Jamie, sur Cuisine TV) qui vous malaxe le cul d'un poulet en vous faisant penser à tout autre chose... Vous n'avez rien vu.

Eteignez votre téléviseur et venez avec moi...

Dans le Saint des Saints, la Chôra de Roméo, le Lieu des Lieux, SA cuisine. Ou plus exactement ses cuisines puisque chacune des maisons de Roméo a été construite autour de LA cuisine (d'où la question récurrente : « Four à pizza ou four tradi ? ») et qu'à l'instar de Cadet Rousselle, il en a plusieurs. De maisons, donc de cuisines, donc de feu dans la maison... Rapport à ce qu'affirme Roméo : « La cuisine, c'est le feu dans la maison ! »

Aux fourneaux, Roméo est SPECTACULAIRE. Un *scoreur* indépassable tant en goût qu'en dextérité, en action donc en images, qui vous mettent en bouche, voire en transe et dont Pépita s'est gorgée – je parle de cette vision de *l'homme à la casserole* – jusqu'à la montée de sève, incontrôlable.

Oui, Roméo est bandant en cuisine.

Et terrifiant d'efficacité.

Physique.

D'abord, l'homme pénètre dans la cuisine et la prend toute. En un instant. Ce dont elle ne se plaint pas, à la différence de certaines qui attendent plus de nuances. Ensuite, il s'y enfonce, ouvrant à grands bruits placards et tiroirs afin de choisir ses instruments. Enfin, il l'écarte, de *toute petite*, elle passe à *toute grande* tant son talent la redimensionne. Puis il retrousse ses manches, pose ses poings sur les hanches, grommelle quelques jurons qui le feront monter en excitation et là... il attaque !

Chair blanche, chair rouge, aucune n'y résistera... La pogne de Roméo est déterminée et puissante : pas de pitié pour le cou du poulet qu'il arrache d'un coup sec, ni pour ses petites cuisses qu'il écartèle sans sourciller, encore moins pour son troufion qu'il sodomise joyeusement (à la gousse !) sans se demander si c'est sa première fois... Aucune hésitation à vider à pleines mains le ventre du poisson, ni même à pratiquer l'énucléation – au doigt – des deux globules sidérés d'un pagre pourtant mort... Pas plus de réserve pour la salade malaxée à l'avant-bras et rendue fatiguée dans de gigantesques plats qui annonceront un shoot de fibres à la mesure de Pantagruel !

Passé le gros œuvre, qui inclut l'épilation de la carotte, le pelage de la pomme de terre à l'éponge (côté scratch), la circoncision du poireau et l'effilage du haricot, Roméo entre dans les détails... Il met un soin particulier à opérer la gousse qu'il dépucelle en son centre, lui retirant ce trait d'amertume (une tige verte) qui l'empêcherait d'en jouir pleinement. Or, la gousse, c'est son trait. Le Trait de sa cuisine. Pâtes à l'ail, salade à l'ail, gigot à l'ail, apéro à l'ail (cru, ruisselant d'huile d'olive et porté à la bouche au bout d'un pic) puis... patins à l'ail ! Ce dont Pépita ne se plaint pas, d'abord elle a le même goût que lui. Dans la bouche, j'entends. Ensuite, l'ail lui fouette les sangs, les sens donc... Enfin, il y a du bénéfice secondaire dans ce truc-là : en témoigne ce retour en avion où nos deux tourtereaux se sont retrouvés, à leur grande surprise, seuls à l'avant du zingue... Ne comprenant pas tout de suite que le nuage caractéristique dans lequel ils se déplaçaient avait eu raison des passagers...

Les goûts, vous savez ce que c'est...

Roméo a maintenant réglé les feux, orchestré la cuisson, les odeurs commencent à envahir la cuisine, l'animal-chef est réveillé, ses narines palpitent au rythme de son bonheur...

Le salivage, intensif, est à la hauteur de la concentration préorgasmique qui préside au repas. La mobilité du bonhomme, elle, est extrême. Il est en pilote automatique, habité par sa cuisine, guidé par son instinct, affolé par les mille et une saveurs qui montent en son Palais.

Il EST Jackson Pollock, version *action-cooking* : grandes giclées de vin sur les poires pochées, volée de poivre vert sur l'œuf brouillé, lancer d'anchois sur la pizza, saupoudrage ultrarythmé de curry sur un riz qui se tord d'impatience... Le tout sous l'œil ébloui de Pépita qui ne raterait sous aucun prétexte ce dernier moment : celui où Roméo empoigne la pâte à pizza. La retourne. La pétrit... Passant d'une manipulation pleine, souple, déliée, à une manipulation énergique, autoritaire. Moment béni où sa main donne tout son talent...

Au même instant, le frétillement extatique de la pomme de terre et l'explosion de la gousse beurrée à fond, moelleuse à pleurer, le rappellent à la fin du concert.

Puis, choix du vin, minutieux. Enfin, ouverture de la bouteille et bruit caractéristique du top départ de l'orgie qui ne finira qu'après la dernière pomme de terre avalée, la dernière goutte de vin bue et un minaudage charmant sur la poire pochée.

Le chef rappelant après ce marathon salé qu'il n'est pas *très dessert*. En revanche, une vieille poire, une mirabelle et quelques pruneaux – « pour le transit », précise-t-il – pourquoi pas ?! Ou, pour faire glisser le tout, une belle grappe de raisin plongée (façon Damien Hirst) dans un seau à champagne transparent (et sans formol), donnant là toute la mesure du talent viril qui vient de vous régaler.

Enfin, le gros cigare. Et l'écran de fumée. Adoucissant l'œil explosé et le visage rougeoyant d'un Rabelais assouvi et satisfait de ne pas avoir failli à sa réputation.

... Et la poupée au dodo !

Avant le lit, il y a l'œil, le plaisir de l'œil, j'entends. Que tous deux partagent. Pour l'un le plaisir de l'œil en deux D, pour l'autre le plaisir de l'œil qui traverse. Soit, pour Roméo, le plaisir de mater ce qu'il voit. Exemple : un fion. Ou, pour les plus raffinés, un genou. Et pour Pépita, le plaisir de regarder ce qu'elle ne voit pas, ou ce qu'elle voit *à travers*, ce qu'elle devine, ce qu'elle attend, ce qu'elle regarde comme étant *habité*. L'âme sous la queue. Ou *dans*, les bons jours.

Or, pour le moment, l'âme n'est ni *sous* ni *dans*, l'âme est restée dans la cuisine et l'œil de Roméo s'attarde sur un truc dont il ne cesse de ne pas revenir... son sexe ! Enôôôrme. Donné en exemple ou en trophée et stimulé par une prise en main habile qui renforce sa tenue, soit le « joujou extra » maintenu en sa racine et rendu triomphal au bout des doigts de Roméo, permettant ainsi à cet *infans* prolongé de revivre une étape cruciale : Le stade du miroir. Etape fondatrice où c'est la triangulation du regard de l'autre, Maman en l'occurrence, qui fait exister le petit d'homme en être érectile (c'est-à-dire, debout) devant le miroir, alors qu'il titube encore. Là, il ne s'agit pas de l'*être* mais de la *chose,* The Thing, dont le regard de Pépita doit confirmer la vaillante et non titubante apparition, la complimentant au passage.

Ce qu'elle fait.

Espérant un retour sur investissement ou... compliment !

Et espérant surtout que rassuré, Roméo pourra assurer...

C'est là que ça se complique : assurer pour l'un signifie... dominer. Pour l'autre, sentir. En l'occurrence, être sentie, bien sentie, ressentie. Ce qui pour l'un s'entend une nouvelle fois, différemment, à savoir reniflée... comme une belle pièce de viande ! Une paupiette dodue par exemple, familiarisée au bondage, donc ficelée. Car Roméo fantasme. Mieux, il fantasme large : n'a-t-il suggéré à Pépita, alors enceinte de six mois, le port de la combi Catwoman. En latex. Alors qu'à quinze jours de grossesse, il émettait quelques réserves – rapport au danger que représentait son merveilleux membre pour la tête du gosse – sur le fait de « l'empaler ». Vrai qu'une bonne fellation en « chatte sur un toit brûlant » est sans risque. Vrai aussi que Roméo est un homme et qu'un homme, ça jouit en deux D. C'est-à-dire en images. Tandis qu'une femme, et surtout celle dont nous parlons ici, jouit en 3D. C'est-à-dire en âme, en personne, en être habité si vous préférez qui entend rencontrer dans cet entre-deux, un être en face. Habité lui aussi.

Or, Roméo habite mal son homme. A savoir, il habite bien son bébé, le nourrissant à grand renfort de fraises Tagada. Et il habite encore mieux son macho, l'alimentant de fantasmes de dévoration. Et de domination.

D'où la gageure : comment amener un bébé pornographe à plus de douceur ? Pépita pour le moment ne sait pas. Donc elle répond au désir de son homme qui se présente comme ça : « T'es chaude toi ce soir, j' le sens... Allez, fais pas ta difficile, c'est pour toi tout ça... » et s'avale sans moufter un discours inversé qui atteint son acmé au moment où Roméo, tordu de culpabilité, la traite de « petite démone » qu'il se voit obligé de régaler.

Sauvant son *être pur*, une fois de plus menacé par ce *Continent Noir*. Trop noir.

Ainsi s'installe la logique mâle : *Toutes des salopes.* Et son corollaire immédiat : « Je bande donc c'est bien ! » Ce qui autorise une belle économie de nuances, sensualité, mordillements, baisers, langues, souffles et autres caresses qui viendraient adoucir une détermination sans commune mesure.

D'où le « lancer de gonzesse sur le lit » et de la bouche ventouse qui vous envoie une première foreuse, annonciatrice de la seconde et précédant un geyser spermatique et puissant (digne du lac Léman !) dont il convient d'apprécier la dernière caractéristique.

A ce moment-là, bonne fille ou conne, c'est selon, Pépita a déjà renoncé. Enfin presque, car jouir est comme Claude Chirac pour son père, non négociable. En témoigne cette dernière tentative : créer les conditions d'une chevauchée fantastique à grand renfort d'images mentales, en profitant d'une bandaison qui a la vie dure...

Enfin, tout éclairée par ses lumières psy, en l'occurrence, celles de Tabasco, elle le (re)complimente sur le remplissage incomparable dont elle a été la (presque) heureuse bénéficiaire, sachant qu'il ne faut jamais insister sur le symptôme – soit l'attaque en masse du corps de l'autre – mais, au contraire, le flatter dans le sens du poil : « Je te remplis » étant en pole position de ses expressions à fort potentiel érotique...

C'est ça, l'amour...

Ça et tout le reste...

Un match peut en cacher un autre...

Pépita déteste le foot. Non, Pépita déteste la télé regardée à deux. Encore pire en groupe. Car Pépita à deux, a mieux à faire et en groupe, ne sait que faire. Si ça n'est regarder, se taire et attendre que ça se termine, sauvage qu'elle est. Ou alors, si elle est en phase hystérique, le spectacle, c'est ELLE et la télé la dérange. Donc, en situation de match de foot regardé en groupe, elle est *au pire.* Tandis que Roméo est au mieux.

Je dirais même plus, au max !

Une mise en actes de sa vie idéale : une bande de potes, une nuée de gazelles aux petits soins et un spectacle qui vient flatter les virilités ici présentes. Tant la télé est un mode d'identification remarquablement efficace. En témoignent ces scènes de liesse où tous se lèvent d'un même bond au moment où, ça marque ! Yes !!!

A croire que c'est la brochette ici affalée qui vient de marquer...

Stop, inutile de s'embarquer sur ce terrain : Pépita et les autres ne sont pas là pour pouffer mais pour se soumettre à une *mâle attitude* enfin légitimée. Ce qu'elles font, s'activant sur le front des victuailles, boissons et autres Buffets du Monde, s'assurant d'un déroulé au cordeau des bières fraîches et tranches de sauciflard qui devront se glisser entre deux Temps Forts, deux rototos ou divers jurons venus scander la montée en tension, de ces sportifs de salon.

Qui ne leur jettent... pas un cil ! Sauf à les convoquer prestement : « Bébé, viens, viens voir le ralenti... Trop beau !... Non, mais regarde ça, ça c'est des mecs qui ont la *niaque* ! »

Ce qu'elles font encore, s'empressant de poser un bout de fesse discrète sur un accoudoir chargé de cendriers, épongeant tendrement le front de leurs hommes respectifs (c'est ça, la nouvelle révolution féministe : un coup de vice !) avant de se retrouver parquées dans la cuisine, priées qu'elles sont, de bien s'entendre.

Car dans la bande de potes, il y a les potes mais il y a aussi les femmes des potes. Et là, Pépita coince. D'abord, elle n'est pas très copine. Ensuite, elle aime bien choisir. Enfin, elle refuse d'échanger les futilités auxquelles leur condition de femelle les condamne. *Dixit* les hommes. D'où des minitentatives de soulèvement. Avortées. Les gazelles ne sont pas là pour gâcher l'ambiance mais pour renforcer la loi du groupe. Ce qu'elles font toujours, unies dans leur destin tragique. Prêtes à se trouver d'innombrables points communs.

Le temps d'un match.

Or, le match ne se joue pas seulement *dans* la télé mais il se joue également *dans* la cuisine, ou plus exactement dans les cuisines des apparts qui accueilleront successivement cette horde sauvage, en mal de comparaisons... D'où la course aux bons points et la compète acharnée *via* le buffet italien, le buffet chinois ou encore franc-comtois : rapport à Pépita qui, décidée à faire différent, est arrivée un beau soir les bras chargés de saucisse de Morteau pistachée, de comté fruité et de cancoillotte aillée (le *must* du *must* !) qui lui ont valu de flinguer le très tendance plateau de sushis. Et sa propriétaire avec ! Car oui, c'est là que se joue le match vraiment et pas seulement le match sur le gazon, sur le canapé, etc., c'est là que La Femme peut atteindre le point céleste de la considération. Si elle a pris soin de « s'arracher » en cuisine et de devenir, en deux coups de cuillère à pot, un mètre étalon...

Celle dont un homme peut s'enorgueillir...

Une gazelle dont on dira : « La gonzesse de Laurent, elle a vraiment *scoré* ! »

Jusqu'au prochain match.

Logorrhée contre silence radio...

En avion, la scène cristallise les rapports Roro-Pépète de façon paroxystique. En avion Roro dort et Pépète est terrorisée. Donc, nous avons assises, côte à côte, une boule d'angoisse et une boule tout court qui, à peine le cul posé dans l'avion, en écrase puissamment. Jusqu'à l'arrivée.

Mais la désolidarisation commence dès la salle d'embarquement. Là, Pépète, toute contente de voyager avec son amoureux, se prépare à une envolée lyrique et physique, *mano en la mano*, et se réjouit à l'idée de pouvoir une heure (dix) durant, palabrer aimablement. Or, Roméo lui – qui prend le zingue au minimum huit fois par mois – est juste là pour transporter son corps d'homme qui travaille vers celui d'homme qui bulle. Et plonge. Et bouffe. Et dort. Donc, rien de romantique là-dedans...

Encore moins l'occasion de parler. Seulement voilà, Pépète terrorisée devient logorrhéique (c'est contra-phobique !) dès qu'elle s'approche d'une salle d'embarquement. D'où la parade de Roméo : le portable. Vissé à l'oreille, le portable est le signe absolu de l'indisponibilité du fiancé, et fermé, c'est-à-dire au moment où l'hôtesse vous y invite, il est le signe non moins absolu qu'il va rejoindre les bras de Morphée. C'est-à-dire, pas les vôtres.

Dans ce cas-là, Pépita n'a qu'une solution : viser au plus vite le voisin charitable qui acceptera qu'elle plante ses ongles aiguisés par la peur dans la chair tendre de son avant-bras. Au moment du décollage. Voire plus, si turbulences. Ou affinités... Car la charmante a le chic de tomber sur la bonne personne (disons, en général) au bon moment et se retrouve souvent à côté de voisins délicieusement attendris – eux – par la détresse d'une grande fille comme elle. Détresse qu'ils jugent redoublée par la non-présence de celui qui l'accompagne. D'où la honte du mari supposé quand il se réveille et que le voisin lui jette un regard de réprobation. D'où l'agacement rieur mais agacement quand même de Roméo qui balance à sa moitié qu'elle a « décidément besoin de séduire tout le monde ». Et ajoute, aimable : « Si tu flippes comme ça, la prochaine fois, t'as qu'à prendre le train ! »

Attachez vos ceintures, zone de turbulences...

Pépita espère un retour au Lagon Bleu, les circonstances jouent en sa faveur.

Un rouleau de printemps en hiver !

Le premier Noël avec Lui. Vrai que Pépita a un attachement particulier pour les premières fois, alors que Roméo n'en a aucun. *Confer* cette délicate réflexion à propos de leur première Saint-Valentin : « OK, c'est NOTRE première Saint-Valentin, mais la seconde aussi ça sera NOTRE première deuxième Saint-Valentin ! » Il n'empêche, ce premier Noël avec son amoureux, elle y tient. Surdéterminé qu'il est par ce qu'est Noël, un paradis perdu, et ce qu'il pourrait être, un paradis retrouvé. Grâce à lui.

Ainsi, soucieuse de réunir dans un grand bain de joie et de bonheur retrouvé tous les siens et... tous les autres, Pépita caresse des projets de réveillons idylliques, dignes de *La Petite Maison dans la prairie*. A ceci près qu'il n'y a ni petite maison ni prairie. Juste un cabanon. Au bord de la plage. Dans lequel Roméo et Pépita ont échoué. En attendant pour l'un, que ça se passe et pour l'autre, que ça arrive !...

D'où la montée d'une tension progressive, déniée par l'un : « Quoi Noël... Ah ?... c'est Noël... le 24 ?... Ah bon... m'en rappelais plus. » Et freinée par l'autre : « Je vais bien... Tout va bien... Je vais bien... Tout va bien. » Or, comme dans ces moments-là, c'est Pépita qui trinque – lui est en train de boire des coups avec ses potes, une canne à pêche entre les jambes – elle doit répondre aux questions des siens et des autres. Et ne sait que dire quant au nombre d'huîtres qu'il faut acheter, au dessert qu'il préfère, au vin qui irait bien sur le foie gras, au cigare qu'il convient de se procurer, aux cadeaux qu'il faut ouvrir, avant ou après minuit...

Résultat : le 24, au beau milieu de l'après-midi, Roméo décide de couper la poire en deux et d'en jeter les deux moitiés : ni réveillon avec les tiens ni réveillon avec les miens... « *just you and me*, un p'tit restau et... au dodo ! ».

C'est là que ça commence vraiment à dévisser. Pépita passe sur les déceptions des uns et des autres, elle passe sur les maisons chaudes et pleines de bruits d'enfants, elle passe sur les jolies tables, le bon vin, les mets qui ont mijoté depuis le matin, la griserie en famille et entre amis, les rires et les larmes... Mais elle ne passe pas sur le fait de se retrouver sous un néon blafard, dans un restaurant chinois, au bord de la route, par moins dix degrés, avec pour seule compagnie à droite un aquarium, à gauche un vieux couple de voileux, en face une tronche de cake pas peu fière de sa petite plaisanterie. Et, dans son assiette : un beignet de crevette qui – saisi par le froid – s'est recroquevillé avant même d'arriver dans son bec.

Pépita voit son Roméo qui roule des billes aussi grosses que ses couilles parce que oui, faut vraiment en avoir... :

– Tu te rends compte ? C'est tellement kitsch ici :

regarde le petit calendrier qu'ils t'ont apporté, et ce cocktail maison aux litchis, ces lampions, ces néons verts et ces petites nappes en papier... Au moins, on peut pas dire que c'est banal, comme Noël, si ?

A cet instant, Pépita hésite entre le litchi en pleine poire, se lever de table et partir dignement dans le froid. Ou, recommander une deuxième Tsingtao, cette délicieuse bière chinoise, parfaite pour un soir de Noël. Elle opte pour la dernière solution. Lâchement. Et serre le cadeau de son amoureux dans sa petite main, sous la nappe en papier. Pas franchement décidée à rejoindre, la queue entre les jambes, un réveillon familial, pas franchement décidée non plus à faire du stop et encore moins résolue à ne pas laisser une chance à cet olibrius, qui saura peut-être, par un *petit rien*, lui faire oublier le riz cantonnais et les néons verts. Si propices à la mise en valeur d'un visage...

Enfin, rangée à l'idée d'assumer ce programme, elle décrète de brancher le couple d'à côté. Une nouvelle fois, elle voit le visage de Roméo s'illuminer – pas seulement grâce aux néons verts – mais parce que là, elle lui sauve la mise : Le tronche-à-tronche dans un restau-route désert, un soir de Noël.

Et là encore, par un étrange miracle, vous me direz, un soir comme ça... Le dîner sinistre se transforme peu à peu en un SOS amitié entre les deux tables. Avec, d'un côté, une couturière revancharde flanquée d'un mari à ses petits soins, et, de l'autre, un ours mal léché faisant un numéro de machisme hors norme face à une Pépita docile. D'où l'immédiate complicité entre victimes (d'une part) et bourreaux (d'autre part) et le déroulé d'un spectacle – de Noël – entre les deux couillus de la table : la couturière et ce Roméo qui lui fout les boules !

Vous me direz, un soir comme ça...

*

* *

Son Noël au tel avec Gaga

– Allô, Gaga ? Joyeux Noël !
– De même...
– T'es bien froide ?!
– Non, mais ne m'appelle pas « Gaga », ça m'énerve...
– *Sorry*, mais pas moi qui l'ai inventé... Les surnoms, chez vous, c'est un truc familial...
– Mouais, comme Noël.
– Quoi Noël ?! Y suis pour rien... Lui qui a décidé de faire comme ça...
– Pas le genre de mon frère. Lui, il est *très* famille...
– Ben, pas ce soir...
– Mouais, t'avais rien fait à bouffer sans doute...
– Vrai que je ne m'étais pas mise en cuisine, mais j'attendais qu'il décide du programme... Les huîtres étaient prêtes...
– Il a horreur des huîtres.
– La dinde aussi...
– Vulgaire, il adore les chapons, plus tendres...
– La bûche...
– Il est pas dessert !
– Les cadeaux...
– Il déteste les cadeaux à date fixe !
– Le cigare...
– Ouais, mais il a ses goûts...
– Ai une idée...
– Ouais, mais t'en as beaucoup et pas que des bonnes...
– C'est-à-dire ?
– Rien !
– Mais si, j' t'en prie, développe !
– Ton cabanon, là, par exemple...
– Pas MON cabanon, son idée... un lieu à nous...
– Pas son genre... Ne pas dormir chez lui alors qu'il est à Saint-Tropez : une ineptie !
– Vraiment ? C'est Lui qui a eu l'idée : un endroit pour nous, sur la plage, sauvage, comme il aime...

– Ouais, mais résultat, vous êtes retrouvés tout seuls comme deux cons, un soir de Noël !

– J' te le fais pas dire, mais c'est un original, tu le sais mieux que moi... Il ne veut jamais rien faire comme tout le monde...

– C'est vrai... Fou ce qu'il est original ! Jamais rencontré un type comme lui...

– C'est pour ça...

– Quoi ?!

– Que t'y tiens !

– Non, c'est parce que c'est mon frère...

– Sans doute, mais quand même... Un sacré mec !

– Tu l'as dit !

– Je l'ai dit... Et fiancé !

– Ouais, de justesse...

– Comment ça, de justesse ?

– Ben, tu te rappelles pas quand tu m'as appelée après votre « première nuit », alors que tu étais sans nouvelles ?

– Oui, me rappelle... Ai un peu flippé...

– Ça nous est toutes arrivé !... Pour ça que je t'ai dit de pas t'affoler, qu'il avait des programmes, que c'était un saumon sauvage... Mais t'as insisté !

– Oui, je le voulais !

– Pas la seule, ni la première...

– T'es vraiment encourageante...

– Oui, malgré moi... Il a dit que tu étais la Femme de sa vie...

– Vraiment ?

– En même temps, il était bourré...

– Gaga, tu me fais douter, tu crois qu'il voulait pas ?!

– Je ne crois rien, je crois que ce que je vois !

– Saint Thomas ?

– Non, sainte Gaga ! Et comme tu dirais : le *désir* est le désir de l'autre...

– Trop forte, ma belle-sœur, je t'aime !

– Moi aussi, *good luck* !

TOI OU MOI

Authentique

Roméo joue le tout pour le tout… Il sort l'artillerie lourde.

Venise « al dente »…

Venise. Un rêve d'amoureux. Un rêve de romantisme *marketé* certes, mais un rêve quand même. D'ailleurs, Pépita n'est pas romantique, elle est symbolique. Ou encore, sensible au sacré : cette Dimension qui la saisit *toute*, en un lieu, un détail, des murs, une histoire. Un homme. Réceptive à ce qui est *chargé* (l'âme sous la queue !), elle se décrit volontiers comme un *sismographe* : un *être* ultrasensible (selon l'acception d'Aby Warburg, ethnologue allumé) qui aurait été bien utile en Asie, une année de tsunami. En clair : les vibrations d'un sol lui remontent dans les gambettes et, elle dessine !

Des croquis de voyage, par exemple.

Donc Venise avec son amoureux, c'est CE qu'elle aime avec CELUI qu'elle aime. Elle s'y prépare toute et s'ouvre puissamment à cette perspective.

Seulement voilà, l'amoureux en question ne décide pas d'aller à Venise à deux – dans cette communauté d'âmes et de corps – qui se dispose à accueillir un truc fort, mais d'aller à Venise à quatre. Rien de grave, seulement revoilà, l'amoureux, qui ne sait comment se débrouiller avec cette histoire de Venise, convoque ses amis – *autour de bonnes pâtes !* – pour préparer ce voyage de deux jours afin de s'assurer qu'au sortir de l'avion, il y aura la gondole – soit le Taxi Club Affaires version canaux – et qu'à l'arrivée, il y aura l'hôtel puis le restaurant, le tout *timé* façon les courses à Casino. Ce qui ne laisse aucune place à l'écriture-d'un-désir-sur-les-murs-de-la-ville. Ni aucune possibilité non plus à un rythme inventé à deux et ressenti à deux. Rien de grave toujours, juste une question d'organisation pour un homme organisé.

Seulement, là où ça se corse, c'est que le fiancé décide de coller *le paquet* aux deux autres afin qu'il lui soit livré en voiture, en temps et en heure. Soit à l'heure du dîner. Et quand lui-même arrivera de Paris. En avion.

Un trajet sans lui.

Donc.

Or, pour Pépita, le trajet compte. Plus que la destination. Or, pour Pépita, le voyage et les réjouissances qu'il éveille commencent dès la salle d'embarquement. Donc faire le voyage – même dans une Bentley – avec un couple qui n'est pas le sien, ça ne lui plaît pas du tout. Non, pas du tout. Mais elle ne dit rien et décide d'épouser l'avis de son homme – « c'est plus pratique », dit-il – espérant qu'il saura, sur place, la gratifier d'une flânerie à deux.

Or, Roméo, surex, annonce le programme : « Chouette, on va enfin pouvoir bouffer de bonnes pâtes ! »

Pépita n'est jamais partie à Venise.

Et Roméo n'a jamais compris pourquoi.

Résultat : Pépita psychote et Roméo boulotte !

Pépita sait maintenant qu'elle est dans une impasse : son cas EST un cas. Elle a trois options : le *compléter*, l'éviter ou encore le comprendre – voire le soigner. La première solution est écartée, trop classique. La trilogie (la femme, le mari et l'amant) dont témoignent ses copines par souci d'intendance (maintenir le train de vie et se faire *trousser* ailleurs) est par trop bourgeoise – Guitry et Chabrol ont tout dit là-dessus – et par trop *renonçante*. Or, Pépita n'est pas du genre à renoncer, ni à partir. Elle est du genre à se battre et à obtenir ce qu'elle veut : un jules à l'endroit. C'est-à-dire au sien !

Pour ce faire, elle ne va pas lésiner sur les moyens. Elle retourne à ses études de psycho, laissées en plan depuis ce *Big Love* et redémarre avec cette noble idée : le comprendre.

De fait, elle parviendra également à l'éviter, la femme de jour et l'homme de nuit se croisant de plus en plus rarement... D'où des Post-it d'un côté : « Tu penseras à acheter des petits-suisses » (!) et des messages subtilement passés de l'autre, *via* des ouvrages aux titres sans équivoque, qu'elle laisse traîner : *L'Amour déboussolé*, *Le Sexe et l'Effroi* ou encore *Les Liaisons dangereuses avec la mer/mère* – texte hautement éclairant pour un accro de la plongée. Les livres restent lettre morte mais Pépita, elle, revit !

D'abord, elle s'agite du bocal et ça, c'est son truc. En témoignent les petites réflexions de Roméo : « T'intellectualises tout », « T'es un petit Hitler... » Ensuite, elle comprend une chose : on est responsable de son *choix d'objet*. En clair : elle l'a voulu, elle l'a eu ! Enfin, elle se met à chercher pourquoi elle l'a voulu et ce qu'elle a bien pu vouloir au juste... Questions qui vont l'occuper un bon moment et détourner ainsi son attention de l'objet en question.

L'objet en tire un large bénéfice et rappelle : « Je veux aller vers la simplicité... » D'où son absolue sidération quand Pépita, rentrée de la fac, lui assène, triomphale, sa petite phrase du soir – ou plus exactement celle d'un autre amateur de cigare, Lacan : « L'amour, c'est donner ce qu'on n'a pas à quelqu'un qui n'en veut pas » !...

Roméo en est de plus en plus convaincu : Pépita a fumé la moquette. Il se met à compenser et à l'éviter lui aussi : le boulot et la table sont réinvestis au centuple.

D'où un aimable chassé-croisé entre un homme qui se signale par des bruits de robinet ouvert tard le soir (il rentre) et tôt le matin (il part) – à moins que ça ne soit l'inverse – et une belle exaltée fermement décidée à virer les bouteilles de chasse-spleen de la bibliothèque pour y mettre ses trouvailles...

Nos deux tourtereaux sont maintenant dans un mouvement diamétralement opposé. La première a retrouvé sa vie d'étudiante, le second est devenu un *workaholic*. La première est de plus en plus fauchée mais *inspirée*, le second de plus en plus riche mais *aspiré*. Ils se croisent, elle la clope au bec, un bouquin à la main. Lui le cigare en poche, le numéro du taxi Club Affaires en tête. Chacun sa télé, elle la Cinq et ses merveilleux dimanches matin avec le déroulé des émissions culturelles, ses portraits d'artiste, son *Bateau livre*... qu'elle interrompt vivement au moment où apparaît le faciès rosissant d'un Petit Renaud commentant sa cuisine des terroirs... Lui, Bloomberg et Eurosport.

Les Post-it augmentent. Les livres aussi. Mais aucun message ne passe.

Roméo en informe ses amis : « Elle pète les plombs. » Pépita de même : « Marre de ce Roro-là. » Pourtant, Pépita ne dit pas tout. Non, elle ne dit pas qu'elle a légèrement vacillé quand elle s'est retrouvée, elle et ses jolies tropéziennes, en train de se frayer un passage entre les gobelets de café froid jonchant le sol de l'amphi et les tronches de colin froid des futurs psys. Elle ne dit pas que sa bouille bronzée et son petit cul virevoltant ont dû rapidement se calmer pour se fondre dans le paysage. Elle dit encore moins que la *posture* psy, le corps psy, le *Encore* lacanien commencent à la pomper sérieusement. Non, une fois de plus, elle ne comprend pas pourquoi pour *penser bien* il faut *jouir moins*. En tous les cas, en donner l'air. En avoir l'allure et définitivement renoncer aux yachts, à Saint-Tropez et aux nuits endiablées. Non, elle ne comprend pas. Et surtout, elle ne veut pas comprendre. Elle veut prendre, c'est tout. Ce qu'il lui faut pour comprendre l'Amour de sa Vie. Et, accessoirement, épater la bande de *winners* en mal de culture. Soucieux d'avoir à leur table, une bestiole animée.

Ainsi Pépita est une nouvelle fois super divisée et super mal interprétée : chez les psys, elle passe pour une touriste et chez les touristes, elle passe pour une intello. Du coup, elle passe mal.

Roméo va la sauver.

A sa manière...

Loue y es-tu ?

Roméo est un pur. Et un authentique. Il sait que c'est comme ça et pour ça – entre autres – qu'il a séduit Pépita : l'embarquant hors des sentiers battus, laissant loin derrière eux un Saint-Tropez excité, lui faisant découvrir les mains de magicien de son copain ferronnier, les doigts de fée de son pote garagiste, les artichauts barigoules de sa copine Madeleine, les taotis (calamars frits et aillés) dégustés dans une maison de pierre construite à mains nues par un couple d'amoureux, décidé à revivre une aventure à la Robinson... Il sait que sa Pépita aime *ça* même si elle ne peut s'empêcher de feuilleter *Voici* tous les lundis...

Donc, en cette période de grande turbulence, il remet son costume d'aventurier et décide de l'entraîner vers une « pureté » toute nouvelle : une rivière poissonneuse. Au cœur d'une forêt de sapins. Avec, au programme : Pêche à la mouche.

Pépita est sur un mode souple – à moins que ça ne soit égaré – elle se laisse faire... Et accueille sans sourciller les deux précieux ouvrages qu'il lui tend : *L'Anthologie de la truite* et *Le Guide du moucheur rustique*. Afin qu'elle potasse son sujet !

En l'occurrence, celui de Roméo. Elle s'y colle. Bonne fille. Et se laisse séduire par les exploits halieutiques contés en ces pages, à grand renfort de *mots nouveaux* qui font le bonheur de cette « aventurière en escarpins » comme aime à l'appeler Roméo, qui ne se prive pas de la taquiner :

– Mouais, t'es une aventurière, mais pour le moment, tes plus grands frissons, c'est surtout entre Saint-Germain-des-Prés et Saint-Tropez que tu les as connus !

Certes.

D'où son attrait évident pour un Aventurier, un vrai, Roméo, dont elle pensait qu'avec lui, le champ s'élargirait, l'univers s'ouvrirait et qu'une complicité active les emporterait de par le monde...

Le monde commence à Dole. Dole, deux minutes d'arrêt. Assez pour descendre du TGV, armés de cannes, épuisettes, musettes, *waders* (le pantalon *so staïly* du pêcheur) et autres boîtes d'asticots prévues pour ce week-end de rêve : celui de l'ouverture de la pêche. Avec, pour Pépita, une option *glam'*, annoncée par Roméo : l'élection de Miss Loue, à deux pas de sa ville natale. Car Pépita, avant d'être germano-pratienne, était franc-comtoise. Et avant de passer ses vacances à Saint-Tropez, les passait aux Piards, ravissant petit village du Haut-Jura, où le seul bal était celui des pompiers, le 14 Juillet. Un *gap* donc, entre la salle des fêtes du village et l'anniversaire de Naomi à la Voile Rouge !

Vous en conviendrez.

Le clin d'œil est charmant, se dit Pépita, émue d'être embarquée sur ses terres par ce Roméo redevenu, en quelques heures de TGV, son amoureux. Elle est comme ça, Pépita...

La route s'ouvre sur une nature féerique. Destination : Gimouille-les-Eaux. Un village qu'elle connaît bien. Nombre de cuisses de grenouilles qu'elle a mangées ici, dans l'auberge de Gervais, nombre de truites aussi et de croûtes aux morilles qui sont autant de madeleines dont le goût lui revient soudain, la plongeant dans des réminiscences multiples. Exactement ce qui sied à son grand nostalgique. Roméo se frotte les mains : sa Pépita est heureuse, lui aussi, le week-end s'annonce sous de bons auspices. Une chambre est retenue à l'auberge. Et surtout, les pêcheurs l'attendent.

D'où la petite phrase :

– Tu vois, là, Pépita, le transat... il est pour toi ! Tu t'installes et tu nous regardes : on va longer les lacis, caracoler de pierre en pierre, puis on va se mettre sous la chute et là, promis, dans deux ou trois heures, tu vas manger la truite de ta vie !

Pépita s'exécute, ravie de cet intermède bucolique. Et se réjouit de ce retour aux sources avec la perspective d'un tête-à-tête entre son *vrai moi* et son *vrai lui* : ces deux cœurs *purs* et *authentiques*, pollués par la vie moderne.

Pépita observe Roméo qui « peigne » la rivière, c'est comme ça qu'on dit... Et admire l'aisance avec laquelle il relance le fil à moult reprises. La chorégraphie est prodigieuse, admirable. Le geste souple, délié. L'homme tient bon dans ses bottes. Quant à Pépita, elle se dit que *la rivière travaille pour elle* et se laisse aller...

Enfin !

Et si, finalement, c'était ça le bonheur ? Si c'était ça être une femme ?

Oui, Pépita, là, se sent femme...

Oui, mais... pour combien de temps ?!

Celui d'une éclaircie.

Car très vite le temps se brouille. Très vite il tombe des cordes, très vite il pleut des gens et des bouteilles de vin, et des truites, et des grenouilles, très vite le tête-à-tête est dilué et Pépita confrontée à *sa* question : faire le groin ou... faire la femme ? Elle choisit la seconde solution, et s'extasie devant les exploits des pêcheurs : elle contemple le « stradivarius » de l'un (sa canne), caresse la queue de phacochère (maraboutée) de l'autre – le pêcheur est superstitieux, elle le découvre – admire la collection de bobines en argent exposée dans la vitrine de l'aubergiste et plonge le nez, enfin, dans la chair rose de truites fraîchement « épuisées », qui tiennent leur couleur, *dixit* les locaux, d'un régime crevettes. C'est fou ce qu'un petit univers peut en contenir un grand, se dit Pépita, amusée et touchée, oui touchée, par ces locaux, ces nouveaux locaux, ces gens *vrais*. Comme elle les aime. Aussi.

D'autant que, cette fois, cette seule fois, c'est elle qui a la main, elle la « star », elle l'enfant du pays. Cette Franc-Comtoise dont les culottes courtes ont connu l'Auberge et les bords de Loue avant lui.

Du coup, elle l'ouvre. Et pas qu'un peu... Elle s'inquiète de savoir comment se porte la famille Chevroton, les rois de la saucisse pistachée et des pâtés en tout genre, elle fait fleurir le nom des villages voisins, évoque Courbet : ses merveilleuses truites au crayon, ses paysages mélancoliques, ses clochers francs-comtois. Elle demande des nouvelles des uns et des autres, croise des visages familiers, évoque ses pêches miraculeuses d'enfant lorsque son père l'amenait en bord de Loue et la laissait découvrir des *trésors* : des pierres précieuses multicolores, caressées depuis des siècles par la rivière... disait-il.

Elle le croyait. Elle amuse les pêcheurs. Ne rechigne nullement devant le godet d'absinthe, « fée verte » fabriquée localement, qu'on lui tend, elle rit, son homme suit... De toute façon, il n'a pas le choix : les Francs-Comtois sont fermés, elle est son sésame. Mieux, elle l'anoblit. Sinon, c'était : Parigot, tête de veau !

Ou encore : Tropézien, tête de chien !

Expressions qui, dans ces contrées reculées, ont la vie dure.

Plus la soirée passe, plus le tête-à-tête s'éloigne, plus l'idée même s'en éloigne, elle est Miss Loue. Rayonnante. Miss Loue, sans avoir concouru. Miss Loue, de fait.

Et pour toujours !

*

* *

Sa vie au tel avec Juliette

– Alors ce week-end ?

– Moyen-moyen...

– Comment ça, « moyen-moyen » ?!

– Tu sais, moi... la campagne...

– Comment ça TOI la campagne ! T'oublies que t'es franc-comtoise ou quoi ?! T'oublies qu'on a passé nos vacances à Sornay et aux Piards ?! T'oublies que t'adorais te rouler dans le foin et faire la majorette aussi, rapport à ta cousine qui était la Reine des majorettes ?

Pépita se marre.

– Non, mais c'était il y a longtemps…

– Quand même, me rappelle que t'étais pas la dernière à boire le lait au pis de la vache et à pédaler à toute berzingue dans les rues du village ! T'aurais jamais raté le bus *du* Paul, qui te prenait *en* centre-ville, et moi avec, pour nos « vacances-à-la-campagne »… T'étais pas peu fière à l'époque, d'être la nièce de Paul, le *chef* du bus… Je te vois encore toi et ta petite valise sur tes petits genoux. Sage. Et concentrée.

– T'as raison, qu'est-ce qu'on s'est marrées…

– Alors ?! Depuis que t'es passée par Saint-Tropez et Paris-Ville lumière, t'as perdu la boule, ma belle !

– Non, du tout. D'ailleurs, c'est une région et des gens que j'ai redécouverts avec plaisir… Seulement voilà, passé la première soirée, extatique – faut dire que j'avais un peu forcé sur l'absinthe – me suis retrouvée trois jours, clouée sur un transat, à regarder la rivière et à me dire : « C'est joli ! » Comme on me l'avait dit.

– Ben ouais, c'est joli !

– Oui, mais une fois que t'as dit : c'est joli… il se passe quoi ?!

– Sais pas moi, tu profites, tu te calmes, tu fermes les yeux…

– Justement, il m'a demandé de les ouvrir !

– Sur quoi ?

– Sur le paysage, la nature, lui en train de pêcher des heures durant. Je l'attendais, je le regardais… Point.

– Mais tu crois quoi ?! Un homme, ça a besoin d'être regardé… aussi !

– Certes, mais il pleuvait… Et suis restée sur ce transat, en ciré, à me les geler !

– C'est chic un ciré !

– Tu te fous de moi ?!

– Non, voulais dire un ciré – proche latex, donc – plus la pluie : c'est inspirant !

– Pas pour tout le monde ! Parce qu'ensuite, j'ai dû me farcir les mérites comparés de la pêche à la main et de la pêche à la mouche avec, en sus, un DVD à visionner de toute urgence. Pour rester dans l'ambiance mais... au *sec* : un film avec Brad Pitt... *Et au milieu coule une rivière,* dans lequel un des locaux a fait le conseiller technique... il y a vingt ans !!!

– Excellent !

– Ouais, mais on a passé TOUT le week-end avec le gaillard en question (bourré !) et les accros du coin à admirer les hameçons et les tenues de pêche. Et à écouter, religieusement, le cours de Roméo sur la façon de cuisiner la truite : au vin jaune ou au bleu...

– Pas aux amandes ?!

– T'es folle ! Roméo a horreur de cette « féminisation » de la truite *via* l'amande, non, une truite, ça doit rester pur.

– Bon, Pépita, j' te le dis : t'es chiante... T'avais qu'à choisir un collectionneur, il t'aurait emmenée à la Biennale de Venise et t'aurais cessé de nous gonfler !

– ... Et toi, Ju, t'as fait quoi ce week-end ?

– Suis allée à la plage...

– Garce !

*
* *

Sa vie au tel avec Tabasco

– Alors, ma belle, quoi de *nœud* ?!

– T'es con...

– Je plaisante, que deviens-tu ?

– Je redeviens...

– C'est-à-dire ?

– Figure-toi que Roméo s'est pris de passion pour ma région.

– Un homme avisé...

– Sans doute. Mais du coup, on vient d'y passer le week-end !

– Bien...

– Ouais bien, mais imagine-toi qu'il s'est mis en tête d'y acheter une péniche, rapport à sa nouvelle passion : la pêche à la mouche.

– Tu m'en fais une belle, de mouche !

– Certes, mais le problème, c'est qu'on se les gèle...

– Tu connais bien...

– Justement, pas envie de ranger mon bikini et de me retrouver au coin du feu en plein mois d'août.

– Pourtant, c'est un signe !

– Un signe de quoi ?!

– Son attachement.

– Mais non ! Juste une histoire de concession, un kilomètre de rivière à vendre pour sa pêche à la mouche, il se trouve que c'est à côté de chez moi...

– Il n'y a pas de hasard.

– Tu crois ?

– Ben ouais, t'es gourde ou quoi ?!

– Y avais pas pensé...

– Tu penses à rien ! Donc, comment s'est passé le week-end ?

– Sympa...

– Tu vois !

– Ouais, j'ai retrouvé des potes, j'étais chez moi et pis, pour une fois, j'ai pu exister !

– Mais encore ?

– Ben, c'est moi la Franc-Comtoise. Moi qui ai les codes, moi qui ai grandi ici. Tu penses bien que lui – même agité de la canne – il était hors sujet !

– Vrai que les Francs-Comtois sont fermés... mais pas les Franc-Comtoises, si mes souvenirs sont bons !

– Idiot !

– Donc, tu as pu exister, disais-tu ?

– Ouais, je connaissais tout le monde !

– Rien de nouveau...

– Abruti !

– T'es d'humeur charmante, dis-moi... Donc, t'as fait la belle ?

– Ben, euh, j'ai discuté disons... Et vrai que j'ai eu un

certain succès... Avec Néné, notamment, l'expert technique d'un super film sur la pêche !

– Bravo ! Pourtant, t'ai déjà expliqué : inutile de « faire » la belle puisque tu l'es... Et puis surtout, j'ai mis quatre ans à enfoncer le clou : c'est la femme qui se fait à l'homme. A sa *façon*, comme un costume se fait à la façon du tailleur !

– T'es malade ! Pour ça qu'on s'est quittés !

– Que je t'ai quittée !

– Oui, parce que je ne voulais pas te donner ce que tu voulais et en bon Argentin, donc macho, t'as pas supporté !

– Exactement !

– Pour ça que t'es heureux avec ta stagiaire psy !

– Ouais, une femme que j'ai *formée...*

– C'est une façon de voir... Le maître et l'esclave, ça te dit rien ?

– Si.

– Eh ben, ta stagiaire, elle va se rebeller...

– Sans doute, mais j'ai des arguments...

– Je les connais !

– Pas tous...

– Sans doute... Bon, eh bien, te souhaite bien du bonheur !

– Pareil.

Du banco au fiasco

Enhardi par son week-end pêche « hyper réussi », le moucheur rustique propose un nouveau shoot d'authentique à Pépita. Un shoot, plus long, plus fort, plus loin...
Elle accepte.

Le « Titanic »

Le projet (fou) de rejoindre Roméo en Corse est né ou plus exactement s'est greffé sur un programme de vacances qui préexistait (comme d'hab') à Pépita, que Roméo et les siens avaient mis au point au mois d'août, entre mecs, sur un caïk – bateau rustique mais charmant – qui permettait de transporter tout le matériel nécessaire à la plongée. Bref, pas l'embarcation idéale pour y mettre des « culs de salopes », *dixit* la joyeuse bande. Seulement voilà, entre mecs, quand on est normalement constitué, ça ne dure pas plus de dix jours, surtout quand les mecs en question ont des moitiés. Donc, des obligations.

D'où la béance, après le roulement des potes et leur essoufflement progressif, en plein milieu du mois d'août. D'où l'invitation faite à la fiancée et fermement encouragée par les déserteurs de venir... boucher les trous ! Sous de bons prétextes, bien sûr : « Temps que vous vous retrouviez tous les deux, dans un cadre idéal avec un programme idoine : *sea, sex and sun*... Des clairs de lune, côte à côte, le regard tourné dans la même direction... Un équipage à vos petits soins... L'occasion de plonger aussi... Découvrir les fonds marins, la griserie des profondeurs... Celle d'être accompagnée, initiée, bichonnée ! »

Ça, c'était ce qu'il y avait sur Le Catalogue. Parce qu'en vrai, c'est dans un pur cauchemar que Pépita va plonger.

Ça commence d'emblée par un acte manqué. Donc réussi. Elle rate l'avion. Or, ce ratage la met dans un tel état de frétillement intérieur qu'il y a de quoi se poser des questions. Ce qu'elle fait, sans attendre les réponses. Et retentant l'avion, le lendemain. Avec succès ! En revanche, le pied à peine posé sur l'île de Beauté, elle perd son portable, son-portable-tout-neuf, et surtout, le seul lien possible avec l'extérieur. Ce qui gâche sa première soirée. D'autant que son amoureux, plutôt que de lui dire : « T'inquiète pas, mon *bijou*, on t'en achètera un demain », la ramène vertement à la raison : « T'as perdu ton portable, bien fait ! Quand on voit à quoi il te sert, pas de quoi se mettre la rate au court-bouillon ! »

Certes.

Le plus beau, c'est qu'elle ne pipe pas. Au contraire, bonne fille, elle se dit qu'elle ne va pas crisper l'ambiance d'entrée et que, peut-être, elle n'en aura pas besoin : Son amoureux va lui faire oublier le reste du monde, n'est-ce pas ?

Effectivement, au vu de la *junior attitude* de son jules et de ses taquineries toutes garçonnes, sa petite tête accuse très vite une fuite des idées, caractéristique de la montée du malaise. Le monde extérieur disparaissait. Et rien ne se passait comme elle l'avait imaginé.

Au lieu d'une première soirée romantique inaugurée par une petite coupe de champagne sur le pont du bateau, un brin de conversation, elle se retrouve à jeun et en levrette, à fond de cale, en train de pousser des petits cris *ad hoc* supposés accélérer le mouvement, c'est-à-dire la fin des retrouvailles.

« T'en avais vraiment envie... », lui glisse Roméo en guise

de conclusion, l'invitant ensuite à se sustenter dans un restaurant du port. Choisi avec soin. Mais assassiné de la même manière : « Ces restaurants prétentieux et romantiques, c'est ridicule ! » Réflexion qui lui troublera passablement la digestion. Puis vient la question des chambres, dont Pépita ne comprend pas qu'elle se pose. Deux options se présentent : celle que Roméo a choisie depuis le début du séjour, à l'avant du bateau, virile, rustique, étroite et qui oblige la belle à dormir sur la tranche. Ou, au contraire, celle préparée et indiquée par un couple d'amis qui en a pensé le plus grand bien, toute en bois, un grand lit, de jolies lampes, une lumière tamisée, une salle de bains avec baignoire... « Ouais, mais moi, j' prends qu' des douches... » D'où un message clairement passé : c'est la cabine avant ou... cabine à part !

Elle hallucine. Et ne rit pas. Elle voit que le cadre *sweet* et *charming* va lui passer sous le nez, elle insiste, il cède mais se lève en pleine nuit, prétextant une chaleur insoutenable (à deux) et regagnant sa grotte à l'avant du caïk. Avec douche.

Ainsi fut la première nuit. Première déconfiture. Et retour tardif sur les *warnings* psychosomatiques dont elle avait fait les frais quelques jours avant cette souriante perspective. Et qu'elle avait laissés passer. Imprudemment. Ainsi que les actes manqués. De même que les questions : qu'allait-elle faire dans cette galère ? Alors qu'elle était quelques heures plus tôt au top de sa forme, dans un état hypo-maniaque et en pleine création. L'état (hypo) découlant précisément de cette période féconde qui allait s'écraser le nez sur ses cent dix kilos retrouvés ! En Corse.

La première négo porte alors sur la possibilité d'emprunter le portable de Roméo afin de communiquer librement avec son monde extérieur. Son monde intérieur se fracassant chaque jour davantage sur les pourtours de l'île, son petit cœur se fondant dans le rouge larmoyant des îles Sanguines. Car oui, son petit cœur est mis à mal : Roméo ne réalise pas qu'il n'a plus à bord une joyeuse bande de potes, mais UNE FEMME.

Autrement dit : un OVNI ! A l'étrangeté redoublée du fait qu'elle est A-MOU-REU-SE.

A-MOU-REU-SE mais « faisant des phrases », déplore le beau mâle, qui signifie par là qu'elle n'est pas simplement béate, silencieuse c'est-à-dire mystérieuse. Ou encore médusée, cette dernière qualité combinant fantasmatiquement la femme et l'animal sous-marin. Transparent, comme chacun le sait.

Ainsi démarre le périple : une femme amoureuse et un amoureux contrarié qui s'amuse à tirer les cheveux ou la langue à celle qui accepte, par amour, de parler la sienne. Par amour ou par un je-ne-sais-quoi, la question n'étant pas, à ce jour, tranchée.

Le premier jour augure les suivants, vécus en parfait décalage de temps, de langue et de façon : elle prend son petit déjeuner aux aurores, lui arrive vers midi. Elle lézarde au soleil, lui digère dans sa cabine, elle attend tendresse et parties de jambes en l'air, lui préfère parties de cartes et tirage de cheveux quand la plaisanterie ne va pas jusqu'à la peau du bras pincée au sang ou encore la fessée, nullement sadienne mais sadique-anale. Un stade, infréquentable ! Et puis les petites humiliations discrètes, matage de l'hôtesse, invitation à la plongée de cette dernière, alors que Pépita, elle, n'a droit qu'au masque et tuba : « Ça te fera les cuisses ! » Enfin, la cuisine pour tous et la table ouverte à l'équipage : « Trop con qu'ils mangent dans leur coin, et nous dans le nôtre ! » Enfin, Pépita laissée des heures de plongée durant avec le capitaine ivre mort, le second, artiste raté, marin raté, normand, qui bourre de crème fraîche tout ce qu'il cuisine et explique à Pépita que *son truc*, c'est la peinture... D'où cette fâcheuse tendance : chacun des plats qu'il mitonne est barbouillé d'une nappe blanche à grands coups de pinceau, l'artiste s'agitant à fond de cale et leur remontant, triomphal, son tableau du soir, sa petite création...

Parfaitement inadaptée à une chaleur aoûtienne et à des envies de légèreté.

A côté de ça, les appels de Porto Cervo. La bande de *winners*, qui folâtre sur des bateaux de milliardaire, leur téléphone quotidiennement. Ils espèrent que le caïk rejoigne, à son rythme, ce spot pour *happy few*. Que nenni ! Roméo a décidé de tirer un bord en direction des endroits les plus désertés... « Les plus beaux », dit-il. Et s'émoustille à la seule idée que ses copains transportent des « culs dociles » sur leurs bateaux. « Des culs prêts à tout ! », vantent les navigateurs. Culs délicieusement alanguis sur le solarium, aérés dans des petits restaus délicats et... arrosés au champagne ! Mais point n'est question de leur emboîter le sillon. « Des vacances pas comme tout le monde », tel est son leitmotiv...

Pépita enrage. Par contraste, elle préférerait ce film-là. Pas un film d'auteur, certes, mais une superproduction plus *glam'* et plus séduisante, de toute façon, que *La Guerre des boutons* avec l'alcoolo, le Normand, l'hôtesse baba et la brute. En latex.

Car, quand il ne dort pas, le Roi plonge. Et ils ne sont pas trop de trois pour l'habiller – soit l'enfiler dans une combi en latex, taillée sur mesure, qui le fait ressembler à un poisson-lune croisé d'un pingouin. Et, crème fraîche aidant, les mesures de la combi n'ont pas suivi la progression naturelle des pourtours du plongeur. D'où la séance biquotidienne d'habillage et de déshabillage ou plus exactement de désincrustation à laquelle il convient d'assister pour accompagner, d'un œil admiratif, la plongée du plongeur et son retour, à la tête de trésors divers et variés... Parfois vivants, comme des langoustes, pêchées à cinquante mètres et remontées bravement par ledit pêcheur. D'où la narration de ces vacances idylliques par le fiancé : « Vous vous rendez compte, j'ai été lui pêcher des langoustes à cinquante mètres ! On en avait ras la gueule... Ah, t'en trouveras des mecs qui te f'ront des trucs pareils ! »

Trucs suivis par la partie de cartes, au cours de laquelle

Roméo se fait flinguer, Pépita ayant retrouvé une détermination qui active sa chance : « La chance, c'est de la rage », se dit-elle en elle-même. Elle prend sa revanche. Et pare les coups : la pluie de gifles au-dessus de la table à jouer, les noms d'oiseaux, la queue-de-cheval tirée, le verre d'eau menaçant... Bref, un pugilat. Une fin de spectacle et... tout le monde au lit !

Puis les pleurs secrets et la tentative de fuite, d'élaboration à tout le moins d'un plan de fuite. Chaque escale est une occasion rêvée quand un aéroport se présente et qu'elle s'est débarrassée de ses scrupules ou de ses espoirs. Jusqu'à ce qu'elle se dise : « Je m'y colle, jusqu'au bout... et j'en aurai le cœur net. »

Elle l'a eu.

*

* *

Sa vie au tel avec Gaga

– Alors, vos vacances ?

– Génial !

– Ah ?

– Ouais, un bateau super, un équipage à nos petits soins, des langoustes qu'il allait me pêcher à cinquante mètres, des paysages de rêve, des escales idoines... J'ai beaucoup lu...

– Et lui ?

– Il a beaucoup plongé et dormi...

– Normal, avec son boulot, il est épuisé...

– Tu l'as dit !

– L'équipage était sympa ?

– Ouais, « aux petits soins » comme te l'ai dit, discret, prévenant, des mets délicieux chaque soir, des discussions sympa de temps en temps... Y avait une étudiante bretonne qui finissait sa thèse...

– Sur quoi ?
– Sémiologie de la Figure de la jouissance, chez la stagiaire en entreprise, au XIXe siècle !
– Tu déconnes ?
– Pas tellement ! Le problème c'est qu'elle manque d'expérience... Du coup, Roméo lui a proposé un stage à la rentrée !
– Vraiment gentil, mon frère...
– Ouais, ouais, le cœur sur la main...
– Donc il la prend à la rentrée ?
– Non, il la prend tout de suite : elle s'installe chez vous !
– Mais nous ne sommes pas une entreprise !
– Apparemment si, il veut qu'elle s'occupe de l'intendance, des maisons, du chantier...
– Mais je le fais très bien...
– Je sais, mais il veut sans doute t'alléger...
– Ouais, ben, me demande ce qu'elle va foutre...
– Sais pas moi, nettoyer le bateau, faire tourner les machines, surveiller les pieds sales qui se mettraient sur les canapés blancs, éplucher les carottes...
– J' vois pas bien...
– T'inquiète : si toi tu vois pas, elle, elle voit parfaitement... Et pis, elle est béate...
– Devant mon frère ?
– Ouais, devant mon mec !
– Ça me plaît pas !
– T'inquiète, elle a un gros cul... En revanche, elle plonge !
– Merde ! C'est un *gros* point ça...
– Comme tu dis, d'autant qu'ils ont fait « ça » ensemble pendant toutes les vacances...
– Tu déconnes ?!
– J'aimerais...
– Donc ces vacances, pas si bien ?
– Ben, disons qu'hormis ce détail j'ai survécu...
– ?
– Pour être honnête, c'était *space*...
– C'est-à-dire ?
– Pas sûre qu'il avait envie de partir avec moi...

– Vraiment ?

– Ben, disons qu'il ne m'a pas regardée...

– Pourtant c'est Lui qui t'as proposé de venir !

– Oui, mais une fois là-bas, il ne s'est pas occupé de moi...

– Il avait sans doute autre chose à faire, et lui, tu sais, suffit que tu sois dans le paysage pour qu'il ait l'impression de « s'occuper » de toi...

– Ouais ben, pas moi !

– Tu sais, Pépita, avec les autres, il faisait pareil, il les descendait le week-end à Saint-Tropez et me les laissait la plupart du temps pendant qu'il allait plonger ou pêcher... Vrai qu'elles ne s'amusaient pas toujours mais elles s'occupaient : Carrie se faisait les mains, Val lisait des magazines féminins, on se faisait un thé, on papotait...

– Pas mon truc, les magazines féminins... ni le papotage. Et pis là, franchement, il a fait fort : ou il était sous l'eau ou il pionçait !

– Normal, avec son boulot, te l'ai dit, il est fatigué...

– Pas une raison pour dormir tout seul !

– Il a dormi tout seul ?

– Oui, tu le connais, il a le sommeil léger... Donc, comme sa cabine était trop petite et que la mienne était trop « précieuse », chacun s'est retiré dans ses appartements...

– Tu l'as mal pris ?

– Non, j'ai adoré !

– Tu le connais : le romantisme, c'est pas son truc... Il traite les femmes comme des copains, ça a du bon...

– Je sais, c'est sa façon d'aimer...

– Exact !

– *Space* quand même !

– Original ! Et pis sûre que si t'avais un mec à ta botte, collé à toi toute la journée... prévenant tes moindres désirs, tu t'emmerderais...

– Franchement, je me le demande...

Un Ailleurs ici !

Pépita est maintenant sans foi ni loi, elle raisonne pratique et survie. Elle est encore muette de ce qu'elle vient de vivre, trop choquée, mais pas encore complètement décidée à se barrer. L'évidence du *mis-casting* est pourtant criante : que veut-elle de plus ? Un peu de temps pour l'apprivoiser car elle y croit toujours : il y a Lui et Lui *sous* Lui, autrement dit, un être à révéler... En attendant, elle va s'offrir un baume. En clair : un amant. Et étouffer ses scrupules sous cet argument imparable (merci Sigmund !) : *Une femme prend un amant pour garder son mari !* En encore plus clair : pour le supporter, le compléter, s'aérer surtout... Et s'inventer ce fameux Lieu à soi, cet Ailleurs ici : tant il est vrai que « L'Autre est un Ailleurs », *dixit* Roméo, un jour de grande inspiration...

Le baume va se présenter sous les traits de Manolo. Un de la bande, récemment coopté. Un œil bleu et doux, une main virile et raffinée, un torse brun et hâlé, des Tod's, oui des Tod's (finalement, elle y vient) et surtout un mec délicat qui sait vous tenir, en dernier, la porte du restau, quand tous se sont barrés pour regarder une fin de match à la télé... Enfin, un mec toujours dispo, qui travaille avec son portable et son Mac, à la plage, préférant les tartares de thon aux tartares de bœuf roulés dans un mélange très personnel de ketchup, moutarde et mayo dont Roméo a le secret. Un mec qui vous permet le bikini toute l'année et vous promet Saint-Barth afin de régénérer votre petit corps *créatif* qu'il a tout de suite vu. Lui.

Un mec qui regarde vos dessins, s'y intéresse...

Un mec qui sait que vous bouillonnez d'idées et que le siècle ne passera pas à côté de vous...

Un mec qui sait parler aux femmes...

Et aux cruches.

« Dédié à son engin ! », raillent les hommes.

« Amoureux », dit Gwendo.

Ah ?

La cafetière de Pépita commence à siffler très sérieusement : questions, supputations, réponses (incertaines) et comparaisons... Manolo et Roméo : l'un est un homme à femmes (une à chaque fois), l'autre est un homme à hommes (beaucoup en même temps). L'un est le *négatif* de l'autre, d'où cette perspective rêvée : ils pourraient faire, à eux deux, une copie parfaite !

D'autant que pour créer – soit accoucher de l'œuvre picturale dont elle est porteuse – Pépita a besoin de vibrer et, jusque-là, elle ne s'en est pas privée !

Tout ce qui est bon (pour ça) n'est pas mauvais (pour elle), n'est-ce pas ?!

D'ailleurs, elle n'a jamais très bien compris ces histoires de fidélité. Ou plus exactement d'infidélité. Elle aime le gâteau au chocolat *et* la tarte au citron ! Pas parce qu'elle mange un gâteau au chocolat qu'elle *trompe* la tarte au citron. C'est le *mot* qui vexe tout le monde. Elle, elle ne trompe personne. Elle complète ! En outre, sa mémoire est merveilleusement exercée : quand elle est avec l'Un, elle oublie l'Autre. Et, réciproquement. Parfois, les situations sont moins étanches : elle ne pense qu'à l'Autre en étant avec l'Un mais, l'un dans l'autre, elle sait que danser sur deux pieds est plus confortable...

Seulement voilà, avec Roméo, elle s'est acheté une conduite. Une bonne conduite. Jusqu'à ces vacances et cette phrase radicale de Gwendoline, lancée opportunément :

– C'est pas avec de la soupe, qu'on garde une danseuse !

Manolo, donc.

Au départ, un charme. La parole qui va bien, le geste qui va bien, le parfum de chair qui se renifle à vue d'œil, orientalisant... et convaincant : « Je Te Veux. »

Soit.

Rendez-vous est pris. Biftons d'avion pour Paris laissés au portail de la maison de papa, au détour d'un collé-serré qui lui indique qu'il a – clairement – envie d'elle... Elle, pour le coup, est paumée, désorientée, donc elle a juste envie qu'on ait envie *pour* elle. Et c'est le cas. Et qu'on décide pour elle. C'est également le cas. Car à l'arrivée de l'avion, il y aura l'hôtel et pas celui qu'elle aurait voulu mais, rapport au Salon du prêt-à-porter (et aux hôtels bourrés !), celui que l'homme a choisi pour elle, par défaut : le Plaza Athénée. Un summum de mauvais coup, pour elle. Une version contrariée et contrariante du Fric, c'est Chic... Or, elle est hyper Rive gauche. Hyper Lutetia – et la condamner à traverser un hall velouté, bourré de putes russes, est du plus parfait mauvais goût. Donc signe. Mais le mec la veut. Et elle veut ce qu'Il veut, une fois de plus... Coupe de champagne immédiatement consommée pour se donner du courage. Ou de l'envie que, finalement, elle n'a pas tant que ça. Car oui, Pépita a envie d'être *traitée*, bien traitée, mais par l'homme qu'elle aime. D'où cette nouvelle division : la façon ou... l'homme ? A savoir : est-ce que je me cogne ces yeux bleus, ce sourire doux, cette façon, ou est-ce que je reste fidèle à cette *mal façon* et à cet homme que j'aime... eh oui !

Voyez le dilemme, un de plus dans l'univers hyper cérébralisé de Pépita. Une coupe de champagne plus tard, elle se retrouve en train de glisser une clef magnétique dans la suite Eiffel qui lui est réservée. Un parcours du combattant : d'abord une multitude de boutons, pour allumer les lumières, monter ou descendre les stores, allumer ou éteindre la télé, puis la radio, puis la stéréo dans la salle de bains au moment où elle tente de prendre une douche, s'échinant à comprendre le fonctionnement eau froide, eau chaude, jet à pulsation ou diffusion brumisante... Bref, elle finit par une toilette de chat, se glisse dans un peignoir et attend la suite... La vraie suite qui ne tarde pas : elle reçoit un SMS – « Rendez-vous *devant les huîtres* à 20 h 12. » Les huîtres de la brasserie d'à côté, que le monsieur a ciblée pour la dropper.

Elle s'y rend, rhabillée, perplexe, elle est passée par la microsalle de gym de la suite et a cru se retrouver dans un mouroir pour nains. Sinistre. Mais qu'importe : le désir de l'autre l'emporte, elle y va. Le tête-à-tête va sans doute l'éclairer...

Et c'est le cas : un homme charmant, charmeur, concret – « Tu *le* quittes quand ? » – et pressé : « Ai réservé une table à la Maison Blanche à 20 h 45 ! » Elle voulait de l'action, elle en a... Le tête-à-tête se déroule de façon délicieuse, l'homme est affable, confiant, il parle de lui, sa famille, son histoire, elle gobe tout... Conquise par ce moment d'intimité qu'elle n'attendait plus... À ceci près que l'homme est pressé toujours : il gère de grosses affaires, plus une famille dont il est séparé mais qui vit à côté... Il est sarkozyste : équipé d'un portable qui ne le quitte pas et sonne et vibre et s'allume... en permanence !

Il l'abandonne un instant, *un instant étrange, un brin solennel*, et là, elle réfléchit : passage à l'acte ou pas passage à l'acte ? Deux minutes de trop d'une conversation téléphonique auront raison de ses doutes : elle se barre. *Fuck* la suite, les yeux bleus, la promesse orientalisante...

TAXI !

Le flic, c'est chic !

Pépita est défaite, refaite, franchement refaite : même l'amant supposé n'assure pas. Un homme *full speed* qui, certes, va la rappeler – la « harceler » selon sa propre expression – mais ne satisfait pas ses attentes de douceur, d'intimité, de temps... Et lui balance qu'elle n'est « pas pratique », c'est-à-dire pas joignable – en permanence ! – sur son portable. A croire qu'ils sont tous comme ça : pressés et efficaces, « dotés » d'une bandaison qui répond mais se mouche, sitôt l'affaire expédiée, dans une petite serviette chaude aussi vite présentée (c'est bien vu) afin d'éponger les éclats de bonheur qu'ils viennent de donner... Puis, un gros dodo. Des enfants au fond, des enfants avec des jouets de grands, des moyens de grands mais des rêves d'adolescents, quand la guerre des sexes bat son plein et qu'ils sont sûrs de triompher. Décider, disons. Acheter, aussi. Des hommes touchants, au fond. Des hommes touchés parfois, en témoigne la dernière trouvaille de Pépita :

Son jules à trois mille !

Selon l'estimation d'une Gwendo avisée...

Un flic. Un flic super chou. Un flic croisé dans le quartier. Un engin à gros calibre mais qui a le temps. De baiser, entre autres. D'écouter, en sus. Un *dossier* qui dynamite Pépita d'un seul regard – à croire qu'elle va tomber la culotte immédiatement – ce qu'elle ne fait pas mais pourrait faire, tant cet autre-là, la percute. *Un autre*, vraiment. Qui vient confirmer cette phrase de Sollers qu'elle a faite sienne : « Il faut sortir l'amour du social. » D'où, un mec à trois mille ! En clair : quelqu'un dont le salaire peut à peine payer l'addition de la bande de *winners* en goguette, un dimanche midi. Un mec flambé en un déjeuner. Un mec qui lui plaît. Un mec qui ressemble à Steve McQueen. Un mec beau et plein et simple et charnel et instinctif, qui la mesure d'emblée et ne lui fait pas l'histoire facile.

Un mec qui la pousse dans ses retranchements.

Un mec qui la convoque à savoir.

Toi Moi ou tous les autres ?

Un mec qui la baise comme elle aime.

Un mec qui lui dit : Sûr que je suis différent de tes autres jules...

Un mec qui la fait rire et qui la calme.

Une nouveauté pour Pépita.

*

* *

Sa vie au tel avec Juliette

– Allô, Ju ?

– Yes ! Alors, ça s'arrange ton affaire ?

– Laquelle ?!

– Roméo...

– Euh, pas vraiment. En revanche...

– Oui ?

– En revanche, j'ai rencontré quelqu'un... Te dis pas le canon !

– Ah ?

– Ouais, une bombe, Steve McQueen, tu vois ?

– Oui, assez bien... et ?

– Et, c'est dément, ouais, dément... T'as pas idée : du jamais-vu !

– Tu dis ça chaque fois : c'est toujours le dernier qui t'a fait jouir qui a raison !

– Ouais, mais là, je t'assure : je ne pourrai plus JAMAIS coucher avec quelqu'un d'autre, j'ai atteint mon sommet !

– Et qu'est-ce qu'il fait, le « super coup » ?

– Flic.

– Quoi ???

– Ben ouais, où est le problème ?!...

– Y a pas de problème ! J' trouve même que t'es une sacrée petite veinarde...

– C'est-à-dire ?

– Tu te tapes un pur fantasme !

– Je ne me le « tape » pas : c'est une Rencontre.

– Ouais, une Rencontre avec Ton fantasme !... Des années que tu me serines avec Al Pacino dans *Sea of Love*, t'es en plein dedans...

Juliette de plus en plus intéressée :

– Il avait son flingue quand tu l'as rencontré ?!

– T'es bien curieuse !

– Allez, dis-moi, un gros calibre ?

– T'es bête ! Une manière surtout, tout en douceur et en intensité. Tiens, pour que tu comprennes, la première fois qu'on a fait l'amour, j'ai failli m'évanouir...

– Garce !

– DÉMENT, je te dis.

– Et il s'appelle comment, le beau mâle ?

– Euh... Jean-Philippe.

Juliette éclate de rire :

– Pour ça que t'as failli t'évanouir !

– Idiote !

Pépita éclate de rire elle aussi :

– Vrai que ça casse l'ambiance, j'aurais préféré Jack ou Nick... Mais bon, je me débrouille, je l'appelle pas, je lui dis Chéri... Trésor, Amour, etc.

– Et Roméo ?

– Quoi, Roméo ?!
– T'en fais quoi dans tout ça ?
– Pas le sujet.
– Un peu quand même ! Fais gaffe... T'emballe pas... Pas sûre que la culbute dans le panier à salade te convienne longtemps... Pense à l'intendance, au confort, à tous ces petits *riens* que tu ne vois même plus...
– Si je les vois, mais c'est pas l'*essentiel*...
– Que tu crois, car tu sais, comme Jean te le dirait : une fois que le rat est dans le fromage, plus le fromage est gros, plus il lui est difficile d'en sortir...
– N'importe quoi ! Suis pas comme ça. Moi, suis libre...
Libre et... amoureuse !

*
* *

Sa vie au tel avec Tabasco

– *Chéri*, faut que je te parle !
– Je t'écoute...
– Voilà, j'ai rencontré un mec...
– Un de plus ?!
– Ouais, mais là, c'est pas pareil : j'ai pas pu résister...
– Rien de nouveau...
– Si, si, te jure, te dis pas... La Rencontre ! Un séisme...
– Secousses verticales ou... horizontales ?
– Les deux. Premier regard : il me scotche. Première nuit, il me... comment dire...
– T'as jouis, quoi...
– Ouais, mais, sans te vexer, comme jamais...
– Comme chaque fois...
– Non ! Te dis que ça ne ressemble à rien. Ni à Manolo, qui a quand même essayé de me baiser en notes de frais (si, si, c'est sa société qui avait réservé la chambre !) ni à Roméo avec lequel j'ai tout fait, sans parvenir à mes fins...
– C'est-à-dire ?

– Ben tu sais bien, impossible de le détourner du magret de canard ni du *Monde du silence* ! Or, avec celui-là, on parle le même langage. A ceci près qu'on vit pas la même vie : ses vacances, c'est plutôt le Mercantour que la côte amalfitaine...

– Un randonneur ?

– Non, un flic !

Tabasco éclate de rire :

– La Loi, ma chérie, la Loi ! Un peu d'ordre dans tout ça, ça me semble bien...

– Ouais, mais je me pose de grosses questions. Je sais que Roméo est l'Homme de ma Vie, mais je me demande si je ne suis pas en train de tomber amoureuse... Qu'est-ce que t'en penses ?!

– J'en pense que tu es... classique : divisée entre amour et désir... L'éternelle question qui remplit nos cabinets...

– Mais te dis que je suis a-mou-reu-se...

– L'Amour, tu sais, un bien grand mot... Je ne crois pas à l'amour...

– C'est nouveau !

– On vieillit... Et puis je crois surtout au plaisir qui enclenche un quelque chose avec lequel on fait ou pas, plus ou moins facilement... rien d'autre...

– C'est-à-dire ?

– Eh bien, on jouit d'abord, on aime ensuite ! Et c'est dans ce second temps que les choses se compliquent, n'est-ce pas ?

– Je croyais qu'on aimait d'abord...

– Ma chérie, on aime tout le temps... Tu sais bien : le sentiment existe avant l'objet. Alors, si l'homme que tu croises a le bonheur de te faire jouir, le sentiment pourra se frayer un passage... Tu saisis ?

– Oui, mais j'ai des contre-exemples : ma copine Jean, son mec la baise pas et pourtant elle en est folle.

– Normal : elle est anorexique ! Ce qui la fait jouir, c'est la frustration ! Mais toi, toi, ma chérie, tu n'as rien d'une anorexique et là, là tu m'as l'air bien enclenchée...

– Ouais, te dis pas, après les vacances d'enfer, c'est le paradis sur Terre !

– Tu m'en vois ravi. Alors, continue... La vie décidera !

« NOUS », C'EST RARE...

Nous l'appellerons Lutetia !

Nous sommes en janvier. Roméo et Pépita ont fait « *fêtes à part* », rapport au Noël précédent, aux vacances précédentes et à tout le reste. Ras la coupe, de part et d'autre. Lui est en Afrique en train de bouffer du foie gras perché dans un baobab, scrutant les gazelles entre deux coups de fusil. Elle est à Paris en train de s'agiter furieusement du pinceau. Elle exulte, a repris son rythme : un orgasme et un croquis par jour, minimum.

Elle enquille les expos, les séances de cinéma matinales, les repas légers, la flânerie dans un Paris retrouvé et vidé de tous ces festoyeurs en vacances. Elle a quitté son Roméo un peu triste mais finalement soulagée d'être rendue à elle-même une petite quinzaine. Plus les jours avancent, plus elle jouit de cette « liberté libre » et s'interroge sur le bien-fondé de cette relation. Mais elle l'aime et se dit toujours que sa nature bourrue n'est qu'une matière à sculpter, apprivoiser, adoucir. Certes, mais quand même...

Qu'est-ce qu'on est bien comme ça !

Bien, mais légèrement barbouillée, les seins lourds, une énergie débordante, un appétit de vivre décuplé... Bref, un léger doute commence à la traverser. Elle l'écarte d'un revers de la main, connaissant bien son corps d'hystérique et le cortège de symptômes qui l'accompagne : enceinte d'un truc à pondre ou enceinte tout court se manifestent chez elle de la même manière. A priori. Ainsi, nombre de fois où Pépita a appelé ses copines, *flippée* à l'idée d'être enceinte, alors qu'elle avait juste un mémoire ou encore un dessin à mettre au monde ! Bref, elle sait qu'elle est en général lourde de ce qu'elle a à faire et se dit, forte de cette pensée magique longtemps pratiquée, que cette fois-ci, c'est pareil : elle va rendre sa copie et pisser le sang dans la seconde.

Eh bien, non ! Pas cette fois. Elle va quand même à son cours de dessin aux Beaux-Arts et se prépare à enchaîner sur les conférences de Georges Didi-Huberman, historien de l'art binoclard, qui travaille sur les dessins et aquarelles de Victor Hugo.

Mais avant, entre deux, elle se dit : Clear Blue ! Clear Blue et Lutetia, l'hôtel étant à mi-chemin entre la mine de crayon et le cours, boulevard Raspail. En outre, le Lutetia, c'est son QG.

Nous l'appellerons Lutetia, donc.

Car Pépita, face à son thé et tenant discrètement dans sa main le fameux test, se rend alors aux toilettes dudit hôtel pour faire ce qui sera Son pipi de l'année ! Relisant bien la notice, quelques secondes sous le jet, une minute pour le résultat, un trait pas enceinte, deux traits enceinte... Et là, en moins d'une minute, deux belles barres bleutées en travers du marqueur en plastique blanc : enceinte !!! Elle retourne le marqueur, se dit qu'elle a peut-être trop pissé dessus ou pas assez, se dit que même fiable à 99 %, y a un doute. Elle remonte sa culotte, scrute dans le miroir un quelconque indice de son nouvel état, mire son profil mammaire, tire sur sa minijupe taille basse rouge pour laisser s'épanouir son petit ventre naissant ou qu'elle croit naissant et ressort des commodités, nimbée d'une auréole fraîchement acquise mais dont l'éclat lui vaut TOUS les sourires de TOUS les serveurs. En tous les cas, c'est ce qu'elle croit, foulant le sol du Lutetia – devenu The Flying Red Carpet – d'un pas léger et aérien. Elle est HEU-REU-SE.

Heureuse et somnambulique. Elle tient dans la manche de son petit pull en jersey noir le test en question, s'assied, s'enfonce dans le fauteuil pourpre qui lui tend les bras et marque un temps. Un temps de condensation. De tous les sentiments qui l'assaillent. Elle est heureuse. Immédiatement heureuse. Et... débordée.

Heureuse en soi et débordée en dehors de soi... Sereine mais dans sa bulle car, en dehors de sa bulle, il y a sa boule (Roméo) qui lui en met de sacrées ! Ben oui, parce que qu'est-ce qu'y va dire, LUI ? A peine redégringolé de son baobab, chargé de foie gras et de bordeaux, éloigné de Pépita depuis dix jours... Qu'est-ce qu'y va dire, LUI ? Et là, la fiancée décide de faire simple. Elle découpe la photo de famille à sa convenance : elle l'en extrait du cadre. Pour un soir. Ce soir-là. Pas n'importe lequel, celui où elle découvre qu'elle est enceinte ! De lui, et pas d'un autre : son flic ayant opportunément « contrôlé » la situation. Ouf !

Eh bien, là, elle fait très fort.

Premier temps, elle s'enfonce dans son silence, son secret, sa « bienheureuse complétude retrouvée ». Second temps, elle se commande une vodka-glace et commence à inonder ses meilleur(e)s ami(e)s de coups de fil : elle annonce la nouvelle, demande l'avis des uns et des autres, conjecture sur les réactions de Roméo, recommande une autre vodka, fume clope sur clope, décide d'aller se taper un plateau d'huîtres avec son meilleur ami. Et ex. Et psy. Pas sa faute pour les huîtres : elle savait pas. Elle trinque au champagne avec lui, rit, babille, jusqu'au moment où le meilleur ami – devenu en un quart de seconde le moins bon – lui demande :

– Et que dit le futur père ?

Réponse :

– Lui ai pas dit.

Commentaire :

– Bon.

Là, la meilleure amie sent dans le « bon » de celui avec lequel elle trinque depuis une petite heure, rit et gobe des huîtres, que précisément le *bon* n'est pas *bon*. Elle se dit que *bon*, c'est normal, il est psy. Et qui dit psy dit *sens*. Mais pas au bon sens : sens dans avoir du sens ou donner du sens. Or, pour Pépita, il n'y a qu'un sens, le sien, ou alors il s'agit des sens dont on sait que, sur elle, ils exercent un empire. Alors, pour le reste... Pourquoi gâcher une si belle soirée ? Oui, pourquoi ?! Remettons à plus tard ce qu'on peut faire le jour même.

Elle attend le lendemain, le début du lendemain, une heure du mat', pour appeler la personne concernée. Concernée à son insu mais concernée quand même. Il ne dormait pas, zappait devant la télé de la cuisine et digérait un petit poulet rôti, avalé aux Fins Gourmets, quelques heures plus tôt. Car avant de placer SA nouvelle, Pépita a eu droit au traditionnel rapport détaillé des agapes de la veille.

Elle ne se souvient pas de la façon dont elle lui a dit. Elle se souvient seulement de sa première réaction. Pas mauvaise. Donc, bonne. C'est en tout cas l'impression qu'elle a eue et la conclusion qu'elle en a tirée. Bonne, c'est-à-dire pas mauvaise.

– Génial, t'es enceinte !... Euh, c'est parfait : j'ai quarante-deux piges, j'ai pas d'enfant, sûr que tu seras une super mère !... Et pis, et pis si ça marche pas entre nous, de toute façon, tu resteras toujours ma meilleure amie...

Tout est dit. Tout, c'est-à-dire pas grand-chose. Surtout du côté de Pépita, qui tique malgré *Tout*, sur le coup de la meilleure amie... Non, pour elle, l'amitié entre un homme et une femme n'existe pas, sauf dans des conditions très précises énoncées par Charlotte Rampling dans *Un taxi mauve* : « Un homme et une femme ne peuvent être véritablement amis qu'une fois qu'ils ont fait l'amour ensemble et qu'ils y ont renoncé, d'un commun accord. » Or, là, nous avons la pleine preuve que le renoncement a achoppé et nous sommes – a priori – loin de la transformation de Roméo en ex. Donc en ami. Vrai que la plupart de ses petits amis (longue durée) sont devenus de grands amis – Roméo aime à évoquer le Club des Ex de Pépita – mais il n'a pas encore postulé et rien ne nous indique qu'un jour, il en ait les qualités requises. A savoir : un amour indéfectible (pour Pépita) et une intelligence dans la vie et de la vie dont Roméo, pour le moment, a une interprétation toute personnelle. Et puis surtout, Pépita se demande ce que cette phrase vient foutre là : ce bon de garantie, ce ticket qui permettrait de renvoyer le colis au cas où le consommateur en serait mécontent. Mais Pépita, trop habituée à ne lui parler qu'en voix intérieure et surtout parant au plus pressé, n'entend que ce qu'elle veut.

Soit OUI, c'est-à-dire pas NON.

Et c'est avec ça qu'elle s'engage dans l'aventure. Ça et sa décision à elle.

Heureuse et soudain piquée de romantisme, de bonne conduite et de projets d'avenir, elle suture rapidement son éternelle division entre deux *life styles* : la vie de famille ou la vie d'artiste. D'un côté la totale, le mari, l'enfant, le toit commun, et de l'autre les pinceaux, la maison d'artiste, un homme, des hommes... La vie d'avant au fond. L'enfant en plus.

Mais là, elle ne dit rien.

Donc, pour Roméo, tout est dit. Et, pour Pépita, tout est *presque* dit. C'est-à-dire, pas dit.

Elle est enceinte et heureuse. Enceinte de lui. Et heureuse sans lui.

*
* *

Sa vie au tel avec Juliette

– Allô, Ju ? Assieds-toi, j'ai un truc à te dire...
– Quoi encore ?
– Assieds-toi, j' te dis !
– C'est fait ! Quoi, alors ? T'as piqué la place de Carla ?
– Mais non, idiote ! Tu vas être marraine !
– Pardon ?
– Yes ! Je suis enceinte.
– Pardon ?
– Oui, tu as bien entendu : JE SUIS EN-CEIN-TE !
– Génial ! Mais, euh, tu sais de qui ?

– Ben, évidemment !
– Pas si évident...
– T'es con ou quoi ?! Je fais gaffe...
– Donc ?
– De Roméo, *of course...*
– Et ton flic ?
– Quoi, mon flic ?
– Tu vas en faire quoi ?
– Sais pas...
– Ça serait bien de *savoir*, non ?
– Eh ben, j' vais lui dire...
– Il va être surpris...
– Euh... possible. Mais je lui ai pas promis fidélité ! Tu sais bien : elle trompe son mari, elle trompe son amant...
– Et si c'était *elle* qui se trompait ?
– T'as décidé de me prendre la tête ?
– Non, ça, tu le fais très bien toute seule ! Mais il me semblait que tu avais « atteint ton sommet », ça va être difficile de redescendre...
– On va voir. Et pis tu sais, mon homme, c'est Roméo ! OK, je l'ai complété, mais maintenant je vais me concentrer...
– Sur quoi ?
– Sur nous, sur l'enfant, sur cette nouvelle vie qui s'annonce... Et puis, je suis contente d'être enceinte de lui...
– Pourquoi ?
– Pour ses qualités, sa fantaisie, son énergie, son intelligence... Autant de choses importantes à transmettre à un enfant...
– OK, mais il me semble que ton flic, t'y tiens quand même...
– Un coup de chaud...
– Mouais, pas si sûr... Une Rencontre m'as-tu dit...
– On verra, et pis, tu connais ma devise : « Il y a toujours de la place pour la vie ! »

Coffrée !

Il y a eu *les* déménagements : ces opérations qui consistent à se déplacer d'un lieu à un autre. Puis il y a Le Déménagement : cette autre opération qui consiste à se déplacer d'une vie à une autre. Et d'un lieu à soi à un territoire pour deux !

Trois, bientôt.

D'abord, Pépita rend son appartement et regarde *son moi encartonné* s'éloigner vers d'autres aventures. Bien modestes : un garde-meuble en banlieue nord. *Sniff...* Quant à l'autre moi, celui transporté par les jambes de Pépita, il lui faut gravir les quelque cinq cents mètres qui lui permettront de rejoindre l'appartement de son fiancé. En clair : de l'Autre. C'est là que cette appellation abstraite – qui a puissamment infiltré le vocabulaire courant – prend tout son sens : Pépita n'est plus chez Elle mais chez l'Autre. Plus seulement *avec* l'autre – prenant soin de redégringoler chaque matin les quelque cinq cents mètres qui les séparaient – mais *chez l'autre*. Sur sa planète, dans sa planète, qu'elle va *épouser* pleinement...

Vrai qu'elle se demande comment elle va cohabiter avec la collection complète des Bidochons et le *Journal de la Baleine* glissé chaque matin sous la porte. Vrai qu'elle se demande aussi comment elle va s'échapper. S'échapper de la télé dans la cuisine, de la télé dans la chambre, de la télé dans le salon, comment elle va s'échapper du salon, de la cuisine, de la chambre. Et se trouver *un coin à elle*. Car l'appartement du fiancé est joli certes, mais mal foutu : une cuisine (petite), une chambre-salle de bains (au fonctionnement chaotique) et une immense salle de réception qui bouffe tout l'appartement en attendant d'occuper sa fonction... Résultat : vous avez là une lionne en cage et à poil (c'est-à-dire sans ses trucs à elle) qui tournicote entre quatre murs avant de savoir où poser son cul. Et sa tête. Car non content d'être d'un seul bloc, l'appartement est un coffre-fort. Ce que Pépita, claustro, vit mal... On n'y entre pas comme ça. On n'en sort pas comme ça non plus. Un code à l'entrée de la porte sur rue, un second code à l'entrée de la porte sur cour, un zigzag de couloirs en marbre, des portes vitrées, un ascenseur... Puis une porte blindée puis des baies vitrées qui s'ouvrent à moitié (quand elles ne sont pas bloquées par des caisses de chasse-spleen) puis une chambre dite mansardée qui n'incite pas à la verticalité et renforce cette impression de cocon. Etouffant, pour l'un. Ventral, pour l'autre. C'est-à-dire rassurant. Une architecture Tagada, si vous préférez. D'où une Pépita qui disjoncte quand, manquant d'air, elle refait le chemin inverse dans sa tête...

Elle tente de trouver une solution. Il y a bien Le jardin, qu'elle aperçoit du haut de sa tour, mais délicat d'y installer un bureau, les voisins pourraient trouver ça incongru... Donc, où se mettre ? A la cuisine, oui, la cuisine qui finalement est la seule pièce qui donne sur la vie, les arbres, les bruits de la rue, et qui est la seule pièce avec une petite fenêtre, bloquée par une poubelle certes, mais qui s'ouvre normalement et permet de humer l'air de la vie en dévorant *L'Aventure intérieure*. Histoire de la maintenir...

Ouf !

L'appart' de l'autre mais le rythme de l'autre aussi. Frontal. De plein fouet. Un accident privé. Une couche-tôt, un couche-tard. Une lève-tôt, un lève-tard. Un insomniaque, une bougie : quelqu'un qui s'éteint à peine allongée. Un TV *addict*, une silence *addict*, un *night* fuckeur, une *all the day long* fuckeuse, un accro du dîner, une soupeuse léger, une otarie, un chat... Bref, une drôle de ménagerie qui tente de trouver ses marques. Elle, sur la pointe des pieds. Lui, comme d'hab' : chez lui. Chez lui et rentrant tard, chez lui et proposant chocolat chaud et pommes au four. Alors que le four, elle l'aurait bien vu ailleurs... Bref, il rentre tard, claque les portes, se fout au lit. Lit fameux, depuis lequel la belle endormie peut suivre le rituel biquotidien de la toilette... Et attendre des heures (le Monsieur se récure au coton-tige !) avant de pouvoir se doucher, se brosser les dents... Attaquer la journée, s'habiller, sortir, oui sortir, ou baiser, mais Roméo n'est pas du matin. Elle le sait bien.

Ce qu'en revanche Lui ne sait pas, c'est que « celui qui n'a pas de lieu est astreint à un corps ». Donc, son corps... elle l'a habité. Habité ô combien, elle en a fait son Lieu. Son lieu d'expression... Pratiquant de furieuses séances de *body painting* avec son amie Jessica (du cours des Beaux-Arts) dans l'appart' hyperclean de son fiancé. Lequel fiancé découvre chaque soir un ventre rond et triomphal, qui arbore tantôt un champ de pâquerettes, tantôt des fonds marins quand ça n'est pas des esquisses de scène primitive qui viennent là sublimer cette vie en gestation.

Pépita explique :

– Tu connais Yves Klein?

– Non !

– Un peintre hypercélèbre... Il foutait ses modèles à poil dans de la peinture bleue !

– Dégueu ! Non, moi mon truc, c'est plutôt le Douanier Rousseau.

– Pas grave, tu vas évoluer..

– J' crois pas. T'as vu le bordel ?!

Pépita rit, elle résonne toute de cette enveloppe sensible et sans Lieu. Perdue mais retrouvée. Pleine. Et ayant déménagé sans que son fiancé, oui, son fiancé n'ait porté un carton... Ou simplement fermé la porte avec elle ou encore ouvert l'Autre porte :

– J'ai bossé toute ma vie pour ne pas porter de cartons, lui a-t-il dit, précisant : Quand on peut payer des mecs pour ça, faut payer !...

Ça ne vous rappelle rien ?

LOVE, etc.

Enceinte, Pépita est littéralement déchaînée. Amoureusement s'entend. Il n'y a pas un jour où la fiancée – à la tête d'une bonne conduite et *entêtée* par cette bonne conduite – ne manifeste son amour, cette reconnaissance infinie à cet être dont elle est enceinte. Et qui a dit Oui. Il est l'Etre Elu. Entre tous.

Elle expérimente une conduite rangée, *as if* parfois, mais dominée par le désir d'une grossesse festive et amoureuse. Faite de clins d'œil. Et d'attentions...

Par moments, elle se plante, exemple quand elle fait les courses – toute seule à Casino – et qu'elle charge la barque ferrée de lait de soja, surimi, galettes bio et jus de tomate...

Mais quand elle-même – c'est-à-dire pas la femme enceinte seulement – se laisse aller à sa fantaisie amoureuse, elle couvre son homme de cadeaux. Ainsi, trimballant son ventre dans les rues de Paris, elle atterrit un jour dans un magasin spécialisé dans les années soixante-dix, un rêve pour son grand nostalgique. Emerveillée par ses trouvailles, tournoyant comme une toupie (c'est souvent le cas), elle flashe sur un LOVE en plastique, tout en lettres de feu, qui s'annonce du plus bel effet sur les murs de Roméo. Et l'émoustille à l'idée d'imaginer l'œil torve de son homme découvrant ce LOVE en quatre lettres. Cette déclaration sur canapé. Tant il est vrai que ses talents de bricoleuse se limitent à poser des choses sur d'autres choses... Qu'importe, elle sait qu'il découvrira *son message* quand il rentrera. D'un dîner d'affaires. Et qu'elle dormira.

Le lendemain matin, tout à sa joie, Roméo la remercie de cette délicate attention, décrivant la surprise qui fut la sienne au moment où il ouvrit la porte... Surprise doublement heureuse car immédiatement potentialisée par cette *usine à idées* : « Dis, bébé, tu crois pas qu'on pourrait en faire des moulages et... les revendre ?! »

Qu'importe si son LOVE est un exemplaire unique.

Poison d'avril !

Pépita est née un 13 avril. Et elle n'en est pas peu fière. Le même jour que Beckett, Le Clézio et Lacan, c'est pas rien !... Donc, un 13 avril, qu'on se le dise. Et pour être sûre qu'IL se le dise, elle lui a dit. D'abord parce qu'il lui a demandé. Au début. Comme il est traditionnel de le faire en cette période bénie (et très brève) où tous les détails relatifs à l'existence de l'Autre prennent une importance particulière. Pourtant, juste après la réponse, il l'a avertie : « J'ai horreur des anniversaires, le mien comme celui des autres… »

Ensuite, elle l'a redit. Parce que précisément, il l'a oublié(e) une fois. Et s'en est montré tout penaud, lui refilant Sa Phrase d'avertissement, à effet rétroactif, et ajoutant qu'il avait déjà eu des « putains d'histoires avec ses ex » à cause de ces « putains d'histoires d'anniversaires ». Ratés. Comme quoi, toutes les mêmes… C'est-à-dire Femmes. Attachées aux attentions qu'on leur porte. Classiquement. Trop pour lui. Parce qu'un anniversaire, finalement : « Pas de quoi en faire un fromage, tout le monde en a un d'anniversaire ! » Evidemment, vu comme ça. Sûr qu'il n'y a pas beaucoup de gens qui n'ont pas de date de naissance, vous en conviendrez.

Enfin, cette année-là, elle le redit parce que, cette année-là, c'est spécial. Elle a le ventre plein. Donc sa vie a plus d'importance, donc ce qui vient la célébrer, donc son ANNIVERSAIRE. Mais, au fond, Pépita veut surtout prévenir une grosse déception (pas bon quand on est enceinte !) qu'elle aura sans doute s'il l'oublie. Une fois encore. Par conséquent, elle décide de prendre les devants et n'y va pas de main morte. Elle commence par l'agenda dans lequel elle écrit, en gros, anniversaire Ploc-Ploc, puisque c'est comme ça qu'il l'appelle depuis qu'elle est enceinte…

Ensuite, elle démarre le compte à rebours comme il le lui a conseillé : « Dans trois semaines c'est mon anniversaire », « dans deux semaines c'est mon anniversaire », « dans une semaine c'est mon anniversaire », « dans cinq jours », « … quatre », « … trois », « … deux, c'est mon anniversaire »

« Hier, c'était mon anniversaire. »

Eh oui, parce que figurez-vous que le jour J, il l'oublie ! Et non seulement il l'oublie mais il ne déjeune même pas avec elle, l'appelant en fin de matinée pour lui dire qu'il est en train d'aider son pote Tigri à ranger son garage. Elle ne dit rien. Pense qu'il s'agit là d'un subterfuge et qu'il va la rejoindre avec la horde de ses amis, ses parents, ses frères et ses sœurs. Euh... non, elle a pas de sœur. Ni de frère. En revanche, elle a des ex. Mais ça, nous le savons. Il le sait. Et précisément UN ex. Qui lui, n'oublie pas son anniversaire. Et lui envoie un somptueux bouquet de fleurs. Blanches. Comme elle les aime. D'où la crise de larmes, redoublée. Puisque là où est l'ex, ne fait que renforcer le *lieu* où l'Actuel n'est pas. C'est en creux que les choses se lisent.

D'ailleurs, faites gaffe quand vous choisissez l'amant, ne le prenez pas *trop parfait* : il risque de vous faire détester le mari. Alors que là n'est pas sa fonction...

Mais nous n'en sommes pas là puisque Pépita espère et qu'elle espérera jusqu'au soir... Eh bien, non ! IL ne la surprendra pas et elle se retrouvera avec son ventre rond, sa jolie robe à fleurs et son œil triste, en train de fêter son anniversaire avec sa seule et unique amie du Sud, devant une part de gâteau au chocolat et... une bougie.

Qu'une larme, une seule larme, suffira à éteindre.

Sa grossesse en bikini

Roméo est *red-lighté*, cramé pour le dire franchement. Pépita super enceinte. Elle décide de se concentrer sur un seul objectif qu'elle a – ça tombe bien ! – complètement sous le nez : son ventre. A partir de là, rien n'est trop beau pour que cette grossesse se déroule au mieux. Dans des conditions idéales pour que la future maman – donc, le futur bébé – respire le bonheur. Or, bien connu : on respire mieux à Saint-Tropez, loin de la pollution et des contrariétés !

Enfin Pépita, qui ne rate jamais une occasion de se *challenger*, se met en tête de pondre un tableau par mois ! Follement inspirée par son nouvel état : cette période de création réelle, ce bombardement hormonal, ces fantasmes d'enfantement d'un être exceptionnel lui-même issu d'un père réel (Roméo) et d'un autre, mort quelques semaines plus tôt : son maître à penser. L'homme au visage de parchemin. Portrait craché d'Einstein. Prof de fac lumineux qui avait repéré l'œil curieux de Pépita et ses sandalettes d'été qu'elle portait toute l'année. Il l'avait prise sous son aile et lui avait lancé, un jour, cette phrase déterminante : « Un homme est *nécessairement* un maître ! » Il était devenu le sien. Et il est mort. Et elle est tombée enceinte. Une âme s'envole, une autre arrive et cette « petite âme », se dit Pépita, a de qui tenir... par voie céleste ! En clair : elle délire. Puissamment stimulée par sa voyante qui lui confirme, à ses côtés, la « présence » bienveillante de ce vieil homme disparu. Il n'empêche, le délire en question va lui rendre la vie belle : elle se sent habitée, reliée à cet être cher, à la tête d'une mission et pas seulement d'une grossesse. Ainsi il y a l'*être chair* (le père réel) et l'*être cher* (mais mort) qui devient son interlocuteur secret, celui qui l'accompagne quand elle emmène son ventre se gorger de musique dans des petites églises de campagne. Ou encore de couleur, quand elle commente à voix haute – pour que le ventre en profite – les variations énigmatiques des tableaux de Rothko.

Une grossesse presque seule. Mais très habitée. Une grossesse pleine de transcendance. Et d'ascendance... « Vos enfants ne sont pas vos enfants, ils ne vous appartiennent pas, ils sont le fruit de l'appel de la vie à elle-même... », *dixit* le Prophète. Lequel ? Elle sait pas. Mais elle s'en fout, de même qu'elle se fout de tout dans cette période de « bienheureuse complétude retrouvée »... Elle veut juste acclimater son bedon à d'autres Dimensions, d'autres questions que four à pizza ou four tradi !

Et là encore, elle ne lésine pas sur les moyens – autrement dit, son corps. Qu'elle plonge à qui mieux mieux dans les Eléments, la Grande Bleue, le bleu du ciel, l'Ire des vents, potassant activement le merveilleux livre du poète André du Bouchet. Cet adepte du muet (!).

Bref, elle redevient elle-même.

Elle-même en mieux.

Et ne se pose plus aucune question. Elle file droit vers l'enfant à venir...

Elle file droit et en bikini, la voie céleste n'excluant pas le port du bikini. Ce ravissant petit deux-pièces en éponge bleu et blanc qui accueille un ventre chaque jour plus rond et une paire de melons, comme jamais ! Qui accueille également et les compliments et les photographes, balconnet immortalisé sur les plages de Saint-Tropez où elle vit les plus beaux mois de sa vie...

En bikini.

Une truffe est une truffe !

La vie avec lui se résume aux week-ends puisque Roméo travaille (dur) à Paris la semaine tandis que Pépita *couve* dans le Sud. Donc pour Pépita qui couve, le week-end, ou plus exactement sa préparation psychologique, commence dès le jeudi soir. Moment où elle commence à intégrer qu'elle va, comme chaque semaine, comme chaque week-end, passer d'une vitesse de croisière à un coup d'accélérateur brutal et violent sans possibilité de descendre du train. Le train, lui, commence sa course folle dès le vendredi soir, au moment où il saute de son fauteuil de bureau au siège du taxi puis à celui de l'avion et enfin à celui de sa voiture qui l'attend à l'aéroport pour le mener pied au plancher vers la table qu'il aura entre-temps choisie... Comme chaque week-end, il a préalablement demandé à Pépita si elle veut dîner dedans ou dehors (lui-même donnant la réponse), si elle veut dîner plutôt *maousse* ou plutôt *light* (lui-même n'attendant pas la réponse), avec ou sans amis, avant ou après l'Amour – lui-même ne s'étant jamais posé la question !

Longtemps Pépita a espéré – c'est le trait pathognomonique de la connerie, L'ESPOIR – que Roméo allait non pas se précipiter à table mais se précipiter au lit ou plus simplement vers elle, la regarder, lui parler. Prendre le temps. Temps qui met du temps à venir et auquel elle a provisoirement renoncé (rapport à ses nouvelles priorités), se contentant de serrer les fesses chaque week-end ou encore de vivre en apnée cet électrochoc de calories et de décibels. Elle a même fini par intégrer la logique de ce groin agité : quoi de comparable entre le visage d'une femme (surtout la sienne !) et de généreux roustons de veau bien grillés ? Ou encore, summum du summum, une belle Bouille – dite bouillabaisse – beaucoup plus rassurante que la bouille à baise qui aurait pu lui faire face.

Car oui ! Pépita, enceinte, est déchaînée. Sexuellement, j'entends... Pas sa faute encore mais le soleil, la plage, le bikini, l'érotique du Sud ont eu raison de son corps de citadine et l'ont rendue à une animalité débridée... La femelle exulte : elle affiche un corps parfait, des jambes ultrafines, un petit ventre rond et doré, des melons comme vous savez... Bref, elle découvre l'impact de la femme enceinte – celle qui arbore le rapport sexuel à vue d'œil – sur le cœur des hommes...

Disons, de certains.

Car Roméo, lui, préfère la fraise Tagada, cette petite chose rouge et ronde qui fond sur la langue tandis qu'un clito énervé pourrait faire l'inverse... Enfin, un continent noir en bordure de Vésuve (le volcan qu'elle est devenue), ça a de quoi l'affoler !

Pas conforme à l'image qu'il a de La Mère : une Immaculée Conception.

Un *gap* de plus.

Pépita, elle, n'est pas affolée du tout mais bien ravie d'être traversée par d'autres envies que par celle d'une stupide fraise au sucre. Elle en rit, s'en ouvre à ses amies, à ses

« collègues » des cours d'accouchement qui la regardent offusquées et visiblement plus préoccupées par la layette que par les galipettes ! Vrai que la plupart, plombées par huit mois de tarte tropézienne, considèrent le temps des galipettes comme révolu. Vrai aussi que ses « collègues » de la maternité de Saint-Tropez ne bénéficient pas d'un « mari-qui-travaille-à-Paris » (ce qui leur aurait permis de faire *light* pendant la semaine et *fun*... accessoirement), mais plutôt d'un *toutou* émasculé et fier de l'être !

Pépita observe ce quadrupède étrange, fidèlement scotché à *Maman*, qui se rend aux séances d'échographie et aux cours d'accouchement. Il halète avec conviction. Et affiche avec fierté son embonpoint, autrement dit sa « participation symbolique » à la vie de la grossesse, ce qu'on appelle communément « couvade ». Terme d'ethnologie, très en vogue aujourd'hui, qui signifie « rester inactif » (!) et illustre à merveille cette inéluctable *féminisation* du monde. Ou simplement ce mimétisme, aisément repérable entre un homme et une femme, après des années de tronche-à-tronche. Ou encore cet ennui. Inexorable. Qui ne fait que commencer.

Précisément, pour rompre cet ennui, Pépita détourne le cours d'accouchement de son but premier (apprendre à respirer afin que l'accouchement par « voie basse » se passe bien) et pousse le vice jusqu'à questionner la sage-femme sur « le pourquoi d'une telle intensité orgasmique pendant la grossesse ». Elle espère une réponse technique. Qui ne vient pas. Non, ce qui vient, ce sont les toux gênées des petits maris qui ne veulent surtout pas « réveiller » leur femme, ces mêmes maris qui reluquent méchamment cette minijupe en crochet rose, de laquelle s'échappe ce ventre, tellement vivant...

Ce qui vient aussi, ce sont des regards tantôt noirs, tantôt désespérés ou encore interloqués, de ces jeunes femmes conditionnées par des années de machisme – plus tenace en province, y compris à Saint-Tropez, lieu de tous les excès l'été mais rendu à son tempérament villageois l'hiver – et dont la seule gratification réside en l'omniprésence d'une caméra vidéo. Nouvel appendice masculin qui vient là immortaliser ce « merveilleux » passage de la femme à la mère, des « limbes » à la vie et d'une vie de couple à une vie de famille !

Pépita ne l'entend pas comme ça. Elle veut être femme et mère. Baiser et allaiter.

Et pense qu'un bon père : c'est celui qui rend la femme heureuse !

Elle est redevenue elle-même. En mieux. Comme je vous l'ai dit. Redoublée, si vous préférez...

Roméo pareil. Ainsi frise-t-il le prix Nobel de cuisine avec son excellente salade à la truffe qu'il lui ressert tous les week-ends « avec amour » alors que la truffe, elle, elle la verrait bien ailleurs...

L'accouchement et la quenelle : chaud devant !

Pépita est pleine. Bien pleine. Enceinte de la tête, c'est-à-dire joyeusement lobotomisée d'où le gentil « Ploc-Ploc » dont Roméo l'a affublée...

Ahahahaha !!!

Pas une table, durant cette période, ne fait l'économie de ce surnom et de son origine, ceci provoquant l'hilarité générale et le tressaillement ventru de notre homme, content de sa blague. Pépita laisse dire, sourit, et se satisfait finalement de ne pas trop penser. C'est sans doute mieux...

Donc elle est enceinte, de la tête et du reste, à la tête d'un ventre de huit mois qui la précède chaque jour davantage. Jusqu'au jour où, précisément, ce qu'on appelle classiquement des contractions se font sentir. De manière pressante. Ça tombe mal, Pépita a ce soir-là une super soirée Astronomie sur fond de buffet marocain, qu'elle tient à honorer de sa présence sphérique. D'où le dilemme : qu'emporter ? La petite valise spéciale maternité ou la chiquissime robe, couleur de nuit. Pas de dilemme, Pépita prend tout, saute – enfin, croit qu'elle saute – dans sa Mini

Cooper couleur de ciel et se dirige vers l'hôpital. En tenue de plage.

Nous sommes au mois d'août, l'été est caniculaire, le village plein comme un œuf, les incendies meurtriers et quotidiens, les routes encombrées, les gens nerveux. *Think positive*, se dit la belle, il doit s'agir d'une fausse alerte. Musique à fond, cheveux au vent, ventre marquant la cadence, ça n'est qu'après une heure de cul-à-cul qu'elle rejoint – enfin ! – l'enceinte de l'hôpital. Et là, *forget* la soirée étoiles et pastillas, *exit* la petite tenue de plage... C'EST MAINTENANT !

En deux minutes et zéro seconde de réflexion, voilà Pépita à poil en train de voir se balader sur son bas-ventre un coton imbibé d'alcool et un rasoir qui lui défriche la motte à très grande vitesse. L'enfant montre des signes de tachycardie : FAUT OUVRIR, *dixit* le corps médical.

– Vous voulez appeler quelqu'un ?

– Euh, oui... le père.

– Allez-y, dans quinze minutes, on vous descend au bloc.

Pépita appelle son homme... qui est sur messagerie. Une fois, deux fois, trois fois... Puis elle appelle ses parents : pas là eux non plus. Enfin, n'y tenant plus, elle décide de parer au plus pressé et elle appelle son ex. L'ex qui habite à une heure d'ici et qui accueille ces jours-ci (aujourd'hui ?) sa nouvelle dulcinée. Une Anglaise à bibi toute séduite par ce *latin lover*. Pas de bol, le latin lover, sentant l'urgence de la situation, plante l'Anglaise devant son tartare de thon et sa coupe de champagne et saute dans sa voiture. Direction le petit village du sud de la France. Dans le même temps, un autre ex, fraîchement débarqué dans le Sud pour quelques jours de repos avec sa fiancée, téléphone. Très vite, Pépita le met au parfum. Il déboule.

Visez le tableau : deux ex dans la salle d'attente d'une maternité où se prépare à accoucher une femme qui n'est ni celle de l'un ni celle de l'autre, un peu celle des deux et qui, surtout, tente d'expliquer au corps médical les liens de parenté qui unissent ce joyeux trio. Afin qu'il ait droit de cité.

Pépita, qui flippait à l'idée d'accoucher, n'a même pas le temps de réaliser ce qui lui arrive. D'où une décontraction totale (ou presque) quand elle se retrouve au *bloc-bloc* alors qu'elle était en partance pour une soirée étoilée. Un rêve. Au point qu'elle en oublie les dix messages sans réponse laissés au Père. Qui est à Lyon. A Lyon et sur messagerie.

A 0 h 58, Lutetia est née. Très vite rebaptisée Lulu ! Les deux têtes réjouies et émues de ces ex très actuels pointent dans l'encoignure de la porte. Ils sont heureux. Elle aussi. Les médecins ne posent plus de questions. Et là, le téléphone sonne : « C'est votre mari », dit l'infirmière, qui essaie de ramener la jeune maman à la réalité.

– Qui ??? Ah oui...

Et là, Roméo :

– Alors, ça y est ? Oui ? Bien passé ?

– Oui.

– C'est quoi ?

– Une petite fille...

– Suis désolé, j'avais fermé mon portable, j'étais à table... Oui, à Lyon... Je bouffais une quenelle, tu sais, c'est la spécialité là-bas... Tu connais ? Non ? Eh ben, ça peut pas refroidir...

Pépita sourit. Elle est heureuse. Ses deux têtes d'amour l'attendent à la sortie du bloc. L'enfant la suit dans une petite couveuse qui lui permet une transition en douceur entre rêve et réalité. La mère se prépare elle-même à une transition entre féerie et quenelle ! Entre la première scène qu'elle a inventée et réussie et la seconde qui d'aucune manière ne pourra altérer la première. Demain est un autre jour...

PAPA, MAMAN ET LE FRIGIDAIRE

Le ménage

La papillonne engluée...

Exit la féerie au quotidien, bonjour le cauchemar domestique qui commence deux jours après l'accouchement, quand elle voit débouler son héros qui porte à bout de bras douze litres de Volvic (soit deux packs !) et lui déclare, triomphal : « J'ai pensé que t'aurais soif ! » Pas gêné un brin par les tonnes de bouquets de fleurs qui envahissent sa chambre de jeune maman, ni par les doux messages de Félicitations délivrés par cigogne interposée... Non, pas gêné le bonhomme. A l'ouest, c'est tout ! Alors, comment lui en vouloir, oui, comment ?! Il est *à côté de la plaque*. Et elle, à côté de lui. Elle ne va que s'enfoncer chaque jour davantage dans un décalage tragi-comique qui lui fera saisir que le Chevalier blanc a bel et bien rangé son cheval !

Pour *bien faire* sûrement, c'est-à-dire faire le « mari ». Et le faire selon l'idée qu'il en a. Aux petits soins. Bourré d'idées : « Dis, si on achetait un lecteur DVD ?! » Il rivalise de créativité aux fourneaux et de bonnes intentions à la maison. Invite chaque jour, chaque soir la horde de ses amis, alternativement les *winners*, puis les pêcheurs, les régale de bonnes pâtes, de mérou ou de pizza aux anchois... Théorise sur le déglaçage du jus du poulet ou sur les bienfaits de l'ail dans le biberon de l'enfant : jamais trop tôt pour prendre de bonnes habitudes ! Bref, il transforme La petite maison dans la prairie (La Panacée) dans laquelle ils ont provisoirement échoué (le chantier de LA maison familiale s'enlisait) en une plaque tournante qui permet à tout le village de venir saluer le berceau de l'enfant, et l'enfant, et la mère, tous deux groggy par ces huit mois de ballottage.

Mais Pépita, exaltée par ce bonheur sur papier glacé, cette photo de famille, remplit son rôle à merveille : elle accueille les invités, donne le sein, reçoit les compliments et les cadeaux... Puis les commentaires : tout le portrait de son père ! Ou encore : tout le portrait de sa mère ! Elle s'amuse ou s'agace parfois de ce comportement humain trop humain qui consiste à vouloir que les choses ou les gens se ressemblent, appréhendant le nouveau comme du déjà-vu, et l'unique, comme le produit de deux singuliers. Elle, de toute façon, a déjà décidé. Lulu, son enfant, ne ressemblera qu'à lui-même et, pour ce faire, elle va dès à présent lui en donner les moyens : de l'amour et de l'autonomie ! D'où la mise en application, une fois de plus, de son nouveau savoir : une bonne mère est une mère qui *désire* ailleurs. Traditionnellement, le père. Ou encore, son job. Or, ses dessins sont en *stand-by*. Et le père, sur orbite. Rappelé sur Terre par ces uniques préoccupations : les packs de Volvic. Ou encore, les pommes au four. Sa preuve d'amour.

D'où le gros décalage. Elle veut de l'amour, il lui donne de la bouffe. Elle veut du duo mère-enfant mais aussi du tango homme-femme. Elle n'aura qu'un unique programme :

Papa, maman et le Frigidaire.

C'est simple, un homme.

Le sniper en privé

Pourtant, Roméo est à ce point humain qu'il veut tout et son contraire. Il veut être un « sniper en ménage » (?!). Et Pépita, bien sûr, veut ce qu'il veut. Mais dans cette expression, elle retient surtout sniper qui lui plaît plus que ménage. A l'oreille s'entend, puisque sniper, elle ne sait pas très bien ce que ça veut dire. Tandis que ménage, même si elle le sait encore moins, elle le *renifle* : ménage, ça évoque une abstraction terrifiante, fonctionnelle et... poussiéreuse. Doublement poussiéreuse : un, désuète. Deux, impliquant ce qu'il est communément admis d'appeler des tâches ménagères. Donc... un balai ! Or Pépita, qui n'a vécu jusque-là qu'avec des ailes parfaitement déployées, n'a jamais rêvé que d'un seul balai : celui de *Ma sorcière bien-aimée* ou son équivalent chez *Mary Poppins*. Autrement dit un moyen de locomotion pratique et léger qui permet de naviguer entre deux airs, précisément très loin des tâches, ménagères ou autres... Déjà que le mot « Couple » – étiquetage social d'un colloque idéalement privé – elle avait du mal à se l'avaler, alors là, avec Ménage, elle hallucine.

Elle hallucine, mais ne dit rien.

*

* *

Sa vie au tel avec Yolanda

– Yolanda ? C'est Pépita, j'ai besoin d'une consultation express...

– Des soucis ?

– Vous allez me dire...

– Tarots ?

– Ce que vous voulez ! J'ai besoin de savoir...

– Quoi, au juste ?

– Comment ça va tourner, ma vie, là...

– Vous savez, Pépita, je vous l'ai toujours dit : je donne des *tendances*, mais tout dépend de vous...

– Précisément, la tendance ?

– On commence par qui ?

– Roméo !

– Il va bien... Son boulot marche... il est un peu débordé par les événements... Je vois un chantier qui traîne... Mais sinon, c'est plutôt tendance coq en pâte...

– Exactement ! Et moi ?

– Vous, nerveuse... Des soucis ? Oui, je vois une ombre sur votre jeu... Beaucoup d'agitation, de gens, de gens qui bouffent votre énergie... Je vous vois éparpillée, tiraillée même... Plusieurs hommes... Un pompier ?

Pépita rigole :

– D'une certaine manière...

– Bon. Plusieurs hommes donc... Le coq en pâte, bien sûr, mais il s'efface... Vous vous décalez...

– Comment ça, il s'efface ?! Il va se barrer ?

– Non, mais vous allez vous recentrer... Après un choc...

– Quel genre ?

– Un choc affectif... quelque chose comme ça...

Le Tutu...

Pépita veut prévenir le choc. Elle va se transformer en cette délicieuse abeille dont rêve Roméo. Seulement voilà, à trop vouloir en faire, elle se transforme surtout en... bourdon ! Une bestiole qui tourne, vire, ne se pose pas, fait un bruit d'enfer et accessoirement vous pique. Méchamment !

Mais là n'est pas son intention. Non, Pépita est simplement tout *agitata*, car elle attend le retour de son homme.

Roméo.

En tutu rose.

Pas lui, mais elle.

Ou, pour être plus exacte, dans une petite robe pastel qu'elle fait tourbillonner d'impatience sur fond de Patrick Juvet : « Où sont les femmes, les femmes, les femmes... » Au point de se demander si elle ne va pas enclencher un ballet privé avec, pour unique spectateur, L'Enfant.

Dans un parc.

Les yeux écarquillés.

Rasée de près, huilée, brushée ambiance *freshly fucked*, Pépita espère beaucoup de ce week-end. Un nouveau départ. Après une crise post-partum. Et une discussion de couple. Exactement ce qui barbe Pépita : et la Discussion et le Couple. En tant que Concepts. Mais elle n'a pu y couper et c'est tant mieux puisque Roméo a jugé cet « échange » positif et son pragmatisme optimiste lui a permis de conclure par cette phrase qui va devenir fameuse : « Y a pas de problème, y a que des solutions ! »

Certes.

Ainsi, soucieuse d'encourager ces solutions, la charmante a mis la gomme et espère du même coup éviter le « coucouff » hebdomadaire, suivi du « warfff, warfff » de joie canine qui annonce là, tout le décalage qui les caractérise.

Roméo déboule. Pépita l'accueille. Un vague « l'enfant n'est *palaf* ? » à l'horizon mais aucune régression appuyée à constater. Je dis « régression » car, depuis que Pépita a troqué le matelas contre le divan, elle pimente ses propos de perles psy et s'enivre de ce nouveau sport : maintenant, elle met des mots sur les choses !

Les choses qui lui échappaient, j'entends.

Précisément, Roméo lui échappe et ça ne va pas comme ça !

Non qu'elle n'admire pas un homme qui « désire » ailleurs : la plongée, la pêche, les copains, les matchs de foot, la « température » des clients, mais elle veut un homme qui désire ici.

C'est-à-dire Elle.

Or, Roméo fait la sourde oreille ou… l'homme ?!

A savoir et c'est en ce point de raisonnement intérieur que notre Pépita est réduite : est-ce qu'un homme, en devenant le vôtre, cesse d'*entendre* ? C'est-à-dire de comprendre.

Et donc de vous donner ce que vous voulez. Position habile : du coup, vous restez. En attendant d'obtenir ce je-ne-sais-quoi (ça change tout le temps !) que vous voulez à tout prix.

Position radicalement différente de « votre meilleur ami » qui lui entend, d'abord parce qu'il vous écoute. Qui lui comprend, parce qu'il ne couche plus avec vous (« on ne parle pas de la même manière avec les femmes avec qui on couche ! ») et qui lui répond, parce que « c'est une gonzesse », *dixit* Roméo qui estime que « discuter » est un sport féminin et qu'il équivaut à « perdre les couilles »... Or, sa sacro-sainte position de mâle dominant lui interdit de redescendre en dessous d'un certain seuil de domination. Donc de compréhension.

« On n'est pas des pédés ! », assène-t-il à Pépita qui tente de le sensibiliser « à cette part du féminin » qui est en lui. Et en vous. Et casserait définitivement cette vieille division Homme-Femme pour entrer dans une vraie Dimension de personne à personne.

Un brin d'altitude en plus.

Une démocratie participative à deux, si vous préférez.

Pour le moment, rien n'est joué.

Roméo, en ce jour, ce soir, post-partum, post-discussion de couple, post-pommes au four, fait le mystérieux...

Un bon signe, se dit Pépita...

Il s'enferme dans la salle de bains.

Un bon signe encore, interprète Pépita...

Elle attend, elle-même *fait* la femme : débarrasse, range, couche l'enfant, se refait la cerise, s'allonge avec style sur le lit conjugal, fait mine de consulter ses mails (c'est fou ce que l'informatique vous pose là !), lutte contre un sommeil post-vieille poire, s'agite en SMS, zappe sur Ardisson, bref... quand enfin, toutes boucles dehors, son héros surgit !

Elle se rebranche sur le programme, qu'elle-même a initialisé, *Sex, lies and pommes au four* et là, là, triomphal, en sueur, en tee-shirt Rolling Stones, l'œil hagard, le cuissot à l'air, la cheville bouffie, Le Magnifique lui lance :

– Bébé, j'ai réparé le grille-pain !!!

Un monde s'écroule.

Extérieur jour

Un taxi pour Megève !

Le premier flocon de neige sur le bout du nez de Lulu, Pépita s'en réjouit. Elle s'en réjouit tant qu'elle pense communiquer cette joie tout enfantine à son autre et lui donner, peut-être, l'envie d'une première fois.

Elle prépare le terrain : vérifie que la bande de *winners* parisiens, à la tête de *morveux*, sera de la partie. Et que quelques vieux briscards tropéziens, habitués au Chalet de l'Adultère (un lieu-dit pour irréductibles en goguette) en seront aussi. C'est le cas. Tout est conforme. D'un côté les jeunes flambeurs, de l'autre les vieux flambés et la perspective d'un mélange fort sympathique. Pépita passe sur le redoutable principe des vases communicants entre le ravissant village du sud de la France et le non moins ravissant village du nord des Alpes, elle n'en discute pas... Elle marche sur des sentiers battus. Et rebattus. Mais bon, elle aussi a fait ses premières glissades à Megève, donc pourquoi pas ?! Et puis Roméo n'a proposé ni le Colorado ni même cette discrète station à une heure de Nice, Limon, qui lui aurait valu de la neige à moindre kilomètre, donc elle fait ce qu'elle sait : Megève.

Elle organise, choisit le petit chalet bien placé, la semaine peu chargée et propose à Roméo qui se bouffe les doigts de nervosité – au bout d'un moment, le saumon suffoque sur le bitume ! – de l'emmener elle et sa progéniture prendre un peu d'air. Et de hauteur. En FAMILLE. Puisque c'est le mot qu'il expérimente et qui revient sans cesse dans sa bouche quand il raconte la vie de lui-même par lui-même, à ses collaborateurs. Seulement voilà, à l'évocation du programme, il blêmit : « Longtemps que j'ai pas fait de ski... Et puis j' suis crevé... Et puis j' descends tout schuss, vite, mais n'importe comment... » Pas ça qui la gêne Pépita et puis c'est pas un concours de *staiiille* qu'elle attend...

Donc la nuit passe, une nuit passe et Roméo se réveille tout éclairé :

– J'ai eu une idée... une bonne idée... une super idée qui te permettrait de ne t'occuper de rien : si je vous commandais un taxi pour Megève ?!

Elles ne sont jamais parties à Megève.

Et Roméo n'a jamais compris pourquoi.

C'est compliqué, une femme.

C'est ça Paris...

Après les packs de Volvic, le lendemain de l'accouchement, qui n'ont pas eu le succès escompté, Roméo sent confusément que c'est le moment d'*envoyer* du symbolique...

Il va céder au classicisme du Cadeau de Naissance.

Un dimanche de février, Roméo donne rendez-vous à Pépita au Café de Flore pour le petit déjeuner. Pépita est à Paris, elle a pris ses quartiers à Saint-Germain, dans un petit hôtel charmant, pensant contrecarrer la libido grille-pain par une chambre carmin qui inviterait au retour d'une libido homme-femme. Le monsieur est tiédasse, peu convaincu du bon goût de la tapisserie, outré par la petitesse de la chambre, moqueur quant à la douche... Bref, le joli scénario dépaysant que la jeune maman a imaginé est immédiatement contrarié et elle saisit très vite que, la chambre, elle va y dormir seule. Après tout, plutôt que de faire un *co-sleeping* avec un « train de marchandises », il est peut-être mieux d'en écraser pleinement. Et de remettre à plus tard le *revival* sexuel qu'elle espère. Donc, tout juste sortie de la douche – qui est en fait une baignoire ! –, elle enfile jupette, petit col roulé noir et bottines guillerettes et se rend à ce rendez-vous matinal avec celui qu'elle appelle, dès qu'une perspective heureuse se profile : « Mon amoureux. »

L'amoureux en question est déjà attablé. Une belle assiette de tartines, un double thé, du miel, des confitures ; il attend ses œufs coque et ses mouillettes. Pépita se prend d'emblée un plein chapitre sur l'art de griller la mouillette suivi par un cours façon grand amphi sur la cuisson de l'œuf coque. Conclusion : le Flore, c'est bof, et en plus, vous apprécierez la délicatesse, c'est cher. Elle commande un modeste jus d'orange et attrape furtivement quelques miettes de ce que l'oiseau multicolore, qui lui fait face, a bien voulu lui laisser.

Et là, alors que l'atmosphère festive de ce-petit-déjeuner-au-Flore-avec-mon-amoureux-un-dimanche-matin s'est sensiblement rafraîchie, elle voit la grosse paluche de son homme plonger dans un sac et poser un petit paquet sur la table. UN PETIT PAQUET-CADEAU.

– Surprise !

Telle une poule face à un couteau, Pépita s'illustre de manière inégalée dans l'art d'être une bleue recevant un présent. Tortillage du popotin sur la chaise, battements de paupières, œil humide, bouche bée, onomatopées diverses qui signent là la surprise et l'inhabitude de la poule à se retrouver face à un petit paquet de son amoureux.

Emotion enfin. Contenue dans tout le frétillement de son corps.

Roméo se rengorge. Pépita sait qu'elle va devoir apprécier le cadeau et fournir un chapelet de compliments à hauteur du geste aimable dont il la gratifie. Elle ouvre le paquet, fait traîner, hésite à déchirer papier d'emballage et ficelles… Quand à cet instant il intervient, se penche, la regarde fixement, tout pénétré par son profond ressenti intérieur :

– Tu te rends compte ! Regarde… à l'extérieur : les touristes, ils nous observent… Tu sais ce qu'ils doivent se dire… ?

Pépita est larguée. Décontenancée. Elle cherche la bonne réponse et interroge du regard son amoureux...

– Eh bien, ils doivent se dire : « C'est ça Paris !... Le Café de Flore, une jolie femme, un homme qui lui offre une bague... c'est chic, non ??? »

Toute émotion se dissout. Pépita est au Flore et elle assiste au spectacle de sa propre vie.

Les vacances en Bretagne : Plou-escape ou mourir...

L'été approche, l'été et les hameçons bigarrés, l'été et l'alternative suicide entre la maison familiale (de Bob) et le chantier azuréen (de Roméo) qui s'essouffle chaque jour davantage. Car oui, au moment où Pépita était grosse de l'Enfant, Roméo était gros d'une maison qu'il construisait et qui peinait à sortir, d'où le concours sous-jacent et gentillet : lequel de ces deux chantiers verra le jour en premier ?!

La nature a tranché.

Ainsi Pépita, qui ne voit aucune initiative venir de la part de Roméo – l'incluant elle et sa progéniture pour les vacances – décide de prendre les devants : elle vise une carte, s'arme d'une règle et d'un crayon et tire un trait. Un trait qui la conduit tout droit à l'endroit le plus diamétralement opposé à ce ravissant village du sud de la France : à Plouescat, Finistère Nord, deux minutes de soleil en moins... quinze degrés en plein été. Quand tout va bien. trois mille sept cent vingt et un habitants à l'année, déserté l'été ou bourré d'Anglais à peau claire... Un village dans des dispositions inversement proportionnelles à celles de Saint-Tropez qui lui voit son chiffre d'habitants passer de six mille à cent mille pendant ce qu'on appelle *les* « beaux mois ». Sans parler des « visiteurs » qui gonflent le chiffre à cinq cent mille !

Précisément, c'est à ce moment-là que Pépita décide, pour des questions de Budget (peu ou prou intégrées...) de louer la petite maison dans laquelle elle, sa fille et la nounou (dont on ne sait qui elle garde) ont atterri en attendant la fin du chantier. Soit, au lendemain de l'accouchement.

Or, La Panacée (c'est le nom du lieu de transit) louée, Pépita commence à s'imaginer en bordure de nationale, à la tête de deux ou trois malles-cabines, l'enfant assis dessus, en train de guetter une bonne âme qui saura les abriter. Ecartant ce mauvais rêve éveillé, elle prend les devants, ravie de déplacer son monde vers d'autres aventures, d'autres noms évocateurs (Plouescat, Brocéliande...), et repère sur un site Internet une ravissante maison aux volets jaunes sur laquelle elle jette son dévolu à moindre prix.

Une maison aux volets jaunes, une maison en pierre, c'est ce qui suffit à lui faire démarrer son roman de l'été. Elle occulte la déco nains de jardin et les couvre-lits fleuris, elle passe sur le clic-clac qui fait office de canapé et se dit qu'un peu d'air iodé, des dolmens et des fées, ça ne peut être que bon. Pour elle et son enfant. Elle s'étonne un peu que deux vols seulement d'une compagnie incertaine appartenant à La Poste et transportant des militaires en permission soit la seule compagnie affrétée pour desservir le lieu-dit mais bon, l'aventure c'est l'aventure et dusse-t-elle voyager à fond de cale, elle est prête à tout. Sauf à se retrouver en plein été, prise entre le four à pizza et le four tradi.

Seulement voilà, prête à tout oui, mais quand elle constate que le temps se brouille là-bas et que les petits poumons de son ange habitués à la Méditerranée vont en prendre un coup, elle se dit que, peut-être, l'idée n'est pas bonne. Quand enfin, elle réalise que la garde-robe de l'enfant ainsi que la sienne ne sont pas du tout adaptées, elle réfléchit, réfléchit et se dit que oui, mais... non !

D'où le faux départ en Bretagne et la poilade générale, orchestrée par sa mère :

– Z'y avez cru, vous, à sa retraite bretonne ?! Sa retraite en ciré jaune à siroter du cidre ! Pas moi... ni son fiancé ! Même pas elle, suis sûre... N'est-ce pas, Bob ?!

– *No comment.*

Puis le repli discret à quelques encablures de Saint-

Tropez, chez sa marraine bien-aimée. Femme libre et éclairée. Son modèle. Qui, elle, ne rirait pas...

*

* *

Sa vie au tel avec Juliette

– Allô, Ju ?
– Alors, comment elle va ma « belle bretonnante » ?
– Bien, bien, mais... euh... suis pas partie.
– Comment ça, t'es pas partie ? T'es où alors ?
– Chez ma marraine... à Draguignan...
– La Ville du Dragon ?!
– Savais pas...
– Remarque, ça te va bien. Planquée, donc ?
– De fait ! Y passe pas grand monde ici...

– Ouais, sûr que t'es loin de *Nicky Beach*... Mais les dolmens et les fées et *ta* maison aux volets jaunes, t'en as fait quoi ?

– On n'avait pas les tenues...

– Depuis quand tu te préoccupes de ta tenue ?! Toi que je connais avec la même jupe en jean depuis dix ans !

– Trois !

– Mouais, si tu veux, mais vraiment que s'est-il passé ?

– La météo, dans *l'intérêt de l'enfant*, ai renoncé... je regrette mais bon, suis chez ma marraine, à Draguignan, la Grande-Rue, ça a du charme... Et pis, comme ça, je redécouvre la maison où je passais mes étés, ma marraine aussi, ses livres, son crochet, son jardin, ses tomates, ses chiens – des bouledogues français, comme ceux de Colette –, ça « ambiance » un peu...

– Ouais, et que dit la petite ?
– Pas grand-chose, elle a dix mois !
– Certes, mais ça lui plaît ?
– Elle adore ! Y a pas de fées dans le jardin, ni de dol-

mens, mais il y a des Amours. Et des faunes, des bassins, une fontaine et une chapelle aussi : la Chapelle aux Oiseaux, un monde hyperpoétique, un peu perdu de vue.

– Donc, tout est pour le mieux...

– Ouais... Et toi, t'es où ?

– A Saint-Tropez !

– Ah ?

– Yes ! Anniv' de Cindy hier, fête chez Tony Murray demain, dîner chez un galeriste au Muy (tiens, à côté de Ta Chapelle !)... la vie quoi ! J' t'aurais bien proposé de venir mais on y va en hélico...

Pépita super *vénère* :

– T'es d'un snob !

– Mais non, je déconne ! Tu sais que j'ai horreur de ça ! J' suis en famille à Gigaro : on nage, on bouffe, on dort, basta... Tu me vois faire le parcours du combattant à Saint-Tropez ! Y a que toi qui aimes être « au cœur du réacteur », moi je préfère la tranquillité des côtés... comme Roméo. Et les gens vrais, comme lui.

– Moi aussi, idiote ! Pour qui tu me prends ?

– Une groupie !

– Charmant !

– Ben ouais, t'es un peu *people,* non ? Quand tu déjeunes à la plage des Jumeaux à côté du fils de Sarko, t'en peux plus ! La preuve : tu me téléphones surexcitée pour me le dire, en espérant, en plus, que ta fille de six mois va réussir à s'approcher de sa table !

– Arrête !

– Si encore c'était le père ! Tu me diras, t'as progressé, y a deux ans, tu irradiais parce que t'avais Nagui à ta gauche et Arthur à ta droite... avec Estelle !

– Arthur, tu délires !

– Non, non... Me rappelle que tu le trouvais « hyper-sympa » et qu'Estelle avait parlé avec toi de l'école de ses enfants, ce qui t'avait valu une minisyncope... T'as bien fait de reprendre l'analyse, ça a dû te calmer... et t'ouvrir les yeux !

– Mais j'ai pas repris l'analyse, idiote !

– Les études, au moins... A mon avis, quand tu leur racontes tes vacances, à tes copains psys, ils doivent se marrer... Avec toi, c'est *Palais-Royal* toute l'année ! Le triomphe de l'imaginaire comme ils disent, les pro... Heureusement que tu te rassures avec les œuvres complètes de Hannah Arendt, sinon, tu pourrais te prendre pour une gourde, vraiment.

– Bon, t'as d'autres choses à me dire ?

– Que je t'aime !

– On dirait pas...

– Mais si... Arrête seulement de penser que ce qui te fait rêver fait rêver tout le monde. Moi, personnellement, je préfère être avec mon mec qu'avec je ne sais quel roi du BTP à écouter la narration détaillée des vacances de « Nicolas » sur un yacht de milliardaire... d'autant que, moi, j'y serai jamais, sur ce yacht !

– Toi !

– Parce que toi, oui ?

– Bientôt !

– Bon, eh ben, quand t'y seras, tu me rappelleras... J'apporterai des photos de toi en majorette, ça devrait créer une ambiance, non ?!

*
* *

Sa vie au tel avec maman

– Allô, maman ?

– Ah, c'est toi ! Je sors de chez le coiffeur...

– Ouais, je voulais...

– Et pis après, on va avec ton père à la soirée Blanche de Christophe Leroy... Tu sais, là où il y a Eddie Barclay...

– Il est mort !

– Ah ?... Oui, mais bon, il y a tous les autres ! Ça se passe aux Moulins, cet endroit sublime... Difficile de le sortir ton père, comme d'hab', mais là, il va faire l'effort... Il va mettre son costume blanc.

– Sympa. Je voulais te dire...

– Ouais, sympa, d'autant que son smoking noir, celui qu'il s'est acheté pour ton mariage et qui traîne depuis dix ans dans la naphtaline, il est pas à la veille de le mettre, n'est-ce pas ?

– Ben, heu...

– Tu me diras, je ne te blâme pas. Moi, à mon époque ça ne se faisait pas... Pour « baiser » tranquille, comme tu dis – puisque tu parles comme ça, ma fille – fallait se marier. On passait de chez nos parents à chez notre mari, c'était ça l'indépendance... Tandis que toi, toi, t'as réussi un joli coup : tu t'es fiancée, t'as acquis un début d'indépendance et t'as stoppé dans la foulée, pour être sûre de la garder !

– Mais pas du tout, maman, y m'a pas demandée en mariage...

– Ben, s'il l'avait fait, t'aurais été bien ennuyée...

– Mais pas du tout, maman ! J'aurais fait banco... Et puis, j'aurais vu !

– C'est ça ! A ton époque, on se marie à l'essai : c'est pratique. Enfin bref, je sors de chez le coiffeur. Ah, ce Lucien, quel phénomène, il nous a mis une ambiance... D'autant que Cécilia – oui !!! Cécilia – venait de lui confier ses « baguettes » ! Non, c'est vrai, t'es d'accord ?! On a ri de Bernadette, mais Cécilia, c'est à chier... sa coiffure ! Me demande ce qu'il lui trouvait...

– Tu sais, l'amour...

– Oui, t'as raison...

La mère se met à chanter : « L'amour est enfant de bohème, jamais, jamais il n'a connu de loi... »

– Maman, voulais te dire !

– Oui ? Dis-moi vite, l'heure tourne...

– Euh, rien, ça va...

– Les vacances se passent bien ?

– Oui, on s'amuse...

– Tant mieux, mais vous faites quoi au juste ?!

– Rien... On discute, on lit, on prend le café dans le fond

du jardin, sur un lit à baldaquin qu'ils ont planté là : c'est charmant !

– Oui, je connais leur bordel...

– Pas un bordel, un art de vivre !

– OK, mais moi j'aime les maisons rangées, un lit dans une chambre, une douche dans une salle de bains ! Or chez ta marraine – comme chez toi, du reste – c'est un bordel sans nom... Je me rappelle l'époque où on se lavait au jet, à l'extérieur de la maison, parce que les sanitaires n'étaient pas finis... Ça a duré dix ans ! Remarque, ça avait un côté bohème...

– Ça s'appelle une âme...

– Une âme bordélique ! Moi, personnellement, je préfère que ça soit au cordeau. D'ailleurs, ton fiancé, peut-être que tu lui as fait peur avec ton bordel et tes goûts de luxe... Pas comme moi : quand je me suis mariée, ton père, il avait pas un flèche. Pas question de nounou ou autres, je tenais la maison et toi... Un sacré boulot ! Pour ça que j'ai arrêté le chant...

– Ma faute, alors ?

– Non, mais j'ai pas été au bout...

– Justement, voulais te dire...

– Demain, ma chérie, demain ! Comme ça, te raconterai ma soirée...

« Papa » « Maman » la première fois

Son ventre dans le salon...

Pépita est allongée sur le canapé du salon. La maison est vide. Et calme. Elle a pris ses aises. Les doigts de pied en bouquet de violettes sur les coussins blancs, les yeux plongés dans l'azur du ciel, elle lit. Et plane. Jetant des coups d'œil distraits en direction de la mer, agitée en cette fin d'été. Les bateaux sillonnent la côte à très grande vitesse, laissant derrière eux de longues traînées écumeuses...

C'est à ce moment-là que lui arrive une chose curieuse : à quelques mètres d'elle, un corps babille, remue, hoquette et braille : son bébé !

Main posée sur le ventre, elle réalise.

Allongée là, rêvassant, elle a presque oublié... En tout cas, pas fait le lien, pas métabolisé qu'entre ce ventre plein et ce ventre vide, il y a maintenant cet être de chair et de sang, qui dodeline dans son joli berceau. En osier. Vrai que son accouchement express, *via* césarienne, une *opération magique* en tant qu'on ne la *sent* pas, ne l'a pas aidée... Tout est allé très vite. Comme dans un rêve...

Or, il lui faut souvent du temps pour que sa pensée rattrape sa réalité...

Son amour, lui, est né tout de suite. Sa complicité hyperactive aussi. Musique, peinture, bains de mer, haptonomie (la science de l'affectivité !) dès qu'elle est tombée enceinte... Mais là, parfois, elle met du temps à faire coller les mots aux choses, en l'occurrence « maman » à elle-même. Une sorte d'irruption de langage. Un langage nouveau.

Une maman pour la première fois.

Le père, lui, est un sujet délicat. Ce serait la mère qui *fait* le père. J'entends, qui l'intronise. Or, pour le moment, Pépita fait ce qu'elle peut et Roméo s'intronise tout seul. Comme il l'a toujours fait... Emu, surpris, il se débrouille lui aussi comme il peut avec son nouveau mot : papa. D'où des tentatives de part et d'autre de s'acclimater à ce nouveau langage – et à ce nouvel état ! – en se désignant respectivement l'un l'autre. Avec toute la maladresse rieuse des premières fois et cette impression étrange d'entendre un « Maman » lancé comme un pet au milieu d'une messe un dimanche matin auquel répondait un « papa » avec un à-propos équivalent, le tout sous l'œil vaguement concerné du nouveau-né, confortablement installé dans un parc.

Les alouettes riaient...

Pourtant, la maison PLOC-PLOC prend l'eau. Malgré les généreux bons points dont est taxée Pépita : « C'est une excellente mère... Et ce, dans la durée... Contrairement à ce qu'*on* pouvait penser – elle est tellement givrée ! – la maternité l'a révélée... » Malgré la joie de ce divin enfant et de l'entourage divin qui ne cesse de le diviniser, ça sent le roussi. Peut-être à cause de tout ça aussi, tous ces autres, petits autres qui ne cessent de s'en mêler et de s'emmêler. Et qui mettent leur grain de sel partout, rivalisent de commentaires inspirés, conseils éclairés, projets d'avenir précoces. C'est-à-dire ineptes ! Ou encore rebattus : « C'est une merveille, une grâce particulière », « la bouche de son père, le regard de sa mère », « une future musicienne » (l'enfant remue au son de *Pierre et le loup* !), « une future gastronome » (il ouvre le bec au moment du biberon), « une joueuse de golf » (elle agite du hochet), et puis « vous savez, votre vie va changer. Radicalement ».

C'est là que, franchement, le délire confine à son comble. Car Roméo et Pépita, d'un regard à nouveau complice, ne l'entendent pas de cette oreille. Mais alors, pas du tout. Non, ils vont faire la démonstration brillante (mais différemment exercée) qu'il peut y avoir la « vie d'avant » et la « vie de maintenant ». Les deux conjuguées. En parfaite harmonie.

Reste à savoir comment.

En attendant et pour faire plaisir aux parents et à Gaga dont on se demande, une fois de plus, si elle n'y est pas *un peu* pour quelque chose dans cette affaire : Vrai que son haut de visage, c'est tout moi ! Heureusement que le cousin, cul-de-jatte, n'estime pas que la petite fille a *sa* cuisse galbée, sinon, il finirait à l'asile... Mais là n'est pas la question... D'ailleurs, il n'y a pas de question, juste de l'intendance et beaucoup de bonheur. Beaucoup de photos aussi. Et de Caméscope.

Une vie filmée.

Une vie à regarder.

Une vie vécue ?

En équilibre, sur le canapé..

Tout est allé très vite, comme dans un rêve : la rencontre, les fiançailles, la grossesse, l'accouchement... Il y avait bien eu quelques « soucis » entre deux mais l'élan des sentiments ou celui de la vie tout simplement avait eu raison des *contrariétés* et nos deux acrobates avaient su slalomer, sauter les piquets et parvenir à la ligne d'arrivée !

Ou plus exactement de départ : l'Enfant.

De départ ou d'arrivée ?!

Justement, pour Roméo, c'était la ligne d'arrivée...

Et pour Pépita, celle de départ !

Pour Roméo, plus de questions à se poser.

Pour Pépita, les vraies questions commencent... ou recommencent.

Roméo, lui, est aux anges. Touchant, touché même par « cette saucisse », « ce canard laqué », « ce jambon brioché », « cet agneau de lait » ou encore « ce paquet » qui s'endort tout chaud sur son ventre, en apprécie la surface… Et découvre en « sourcillant » ce petit parfum d'ail tout paternel…

La mère passe par là, vérifie que l'attelage tient bien, en équilibre sur le canapé…

Tout tient.

Deux jours par semaine…

Tout, c'est-à-dire, Papa Maman la première fois.

Et, pour toujours !

QUOI, pour toujours ?!

Eh oui, parce qu'il ne s'agissait pas d'être enceinte seulement, ni même de balader sa femme enceinte offerte comme un trophée et confirmant là toute la puissance fertile de la bête au bras de laquelle elle se tenait. Il ne s'agissait pas non plus d'accoucher et… de se tirer ! Ni même d'accoucher et de s'installer dans cet état merveilleux de flottement extatique mère-enfant, non, il s'agissait maintenant de passer du provisoire au définitif et d'un *stand-by hypertendu* pour l'un, versus *hyperdétendu* pour l'autre à l'action ! L'action qui consiste à être père et mère chaque jour et… pour toujours. Passons sur les quelques heures de la journée où il est admis de retrouver un temps à soi et des préoccupations pour soi : comment se refaire un petit ventre plat dans les plus brefs délais ? Ou, comment allez voir si le pescadou est de retour dans le village après le départ des gros bateaux ?

Pour toujours donc, réalité confirmée par la progression spectaculaire du paquet qui passe de 2,8 à 3, puis à 4, 5, 6… et 10 kilos à ce jour. Pour toujours donc, idée extrême pour ces deux électrons libres qui n'ont vécu jusque-là que dans le ici et le maintenant. Le toujours s'associant à un horizon rêvé et lointain qu'ils se laissaient la liberté de rejoindre ou pas.

Pour toujours donc, avantage à la mère qui, à force de cacas, câlins, carottes, ou autres casse-tête (que veut l'enfant ?), découvre le chaque jour, de fait, et s'acclimate ainsi au *toujours* à dose quotidienne…

Seulement voilà, il y a le désir de toujours, toujours être et le plus longtemps possible aux côtés de l'enfant, avant de casser sa pipe, j'entends. Et il y a le désir tout court.

Celui de vivre à sa façon.

Chacun la sienne.

C'est là que nos deux tourtereaux vont rivaliser d'inventivité pour faire cohabiter la vie d'avant et la vie de maintenant.

C'est là que ce papa-là et cette maman-là vont découvrir qu'il y a des premières fois qui ne se ratent pas. Parce qu'il n'y aura pas cet enfant-là, deux fois.

Le sandwich !

Pépita avait découvert Roméo dans sa maison de famille. En tous les cas, ce qu'il en restait. Un squat, dont elle avait gardé un excellent souvenir. Un souvenir ému, celui de découvrir des relents d'enfance au milieu d'un parfum de pluie d'été, le tout sublimé par l'Amour. Ou le désir. A cette époque-là, elle ne faisait pas bien la différence... Emportée par le désir, elle se diagnostiquait amoureuse. En général. Et ce jour-là, en particulier. Chamboulée totalement par cette maison qui pliait bagage et se préparait à être rasée... Elle-même avait craint que ce souvenir divin ne fût rasé en même temps, une façon radicale de tourner la page. Il n'en fut rien, malgré les quelques jours qui passèrent *après* et avant que son « nickeur fou » la rappelle. Le « nickeur fou », c'est la façon dont les hommes de la bande se désignaient entre eux, avec plus ou moins d'à-propos... D'ailleurs, si la narratrice se rappelle bien, c'est plutôt Pépita qui relança la machine. Sa belle machine déjà très occupée avec ses trésors, ses copains, ses épaves, ses cols d'amphore, ses pastagas et ses sardinades ! Bref, ils se rappelèrent...

Et c'est ainsi que nous nous retrouvons ici, face à ce chantier : la nouvelle maison familiale, mieux le château azuréen, venu là redorer le blason d'une famille bourgeoise et bohème qui avait connu, comme toutes les familles, des revers de fortune. Roméo avait racheté l'honneur perdu, au centuple, et il entendait bien inscrire cette gloire retrouvée à même la roche…

Pratiquant malgré lui ce *narcissisme des petites différences* qui consiste – au pays des *déjà* Riches – à encore faire la différence, cela se jouant en de menus détails… Exemples : être ou ne pas être du *bon côté de la colline* alors que vous « siphonnez » déjà sur un caillou qui se négocie à prix d'or, avoir ou pas vue sur mer, accès à la mer, piscine à débordement ou piscine tout court, à eau de mer ou bourrée de chlore, un bateau mais de quelle taille le bateau, et de quelle marque ?! La marque (ou le modèle) indique d'un côté l'extrême raffinement (le Riva) ou au contraire la totale vulgarité (la cigarette fluo accueillant le cul fraîchement sorti de taule de Paris Hilton) ou encore la « flambance » neuve des nouveaux riches (le Magnum) quand ça n'est pas celle, incertaine, des stars à contrôles fiscaux qui préfèrent, pour des raisons de publicité déguisée (et donc de prix négocié), le Mangusta…

Un univers impitoyable mais tout en *darling* et commentaires ouatés. Ouatés mais violents, où le narcissisme se réveille au lendemain d'un dîner et du débriefing qui s'ensuit afin de savoir comment rivaliser avec cette éblouissante petite piscine recouverte de bougies flottantes, autour de laquelle nous avons passé, un « si merveilleux dîner »… Bref, un *full time job*.

Pour les vacances.

Mais rassurez-vous, Roméo ne pratique pas l'art de l'éclairage aquatique, lui rivalise dans sa cuisine. Avec lui-même d'abord. Ce que Pépita apprécie, oui apprécie. Malgré tout.

Elle l'a choisi pour ça : sa différence. Et se trouve touchée, une fois de plus, par la passion qu'il met à préparer des petites pâtes alphabet pour son enfant.

Or, tandis que la cuisine de la nouvelle maison familiale prend tournure, la maison familiale, elle, peine à voir le jour. Des hommes de chantier capricieux, des clients de plus en plus liquides ou russes, qui font la Loi et déprécient les sommités locales, à savoir Roméo. Enfin, la maison familiale en elle-même est une énigme : qu'est-ce que Roméo entend exactement par là ? Un nid d'amour pour ce nouveau trio ou une survivance bétonnée d'un passé qui ne passe pas...

Car oui, Roméo est un grand nostalgique. Qu'est-ce à dire ? *Nostos* : retour. *Algie* : douleur. Conclusion : Roméo a une douleur à l'endroit du passé, de son passé, à tout le moins une mémoire qui se fait sentir, dont Gaga, la sœur, l'hypersœur, est la garante, une garante active qui s'implique *volontiers* dans l'architecture intime du foyer. D'où des commentaires *abstraits* sur la chambre de l'enfant, excluant Pépita de tout grain de sel et pire encore, une découverte effrayée du futur programme familial : une maison pour Tous, soit une maison pour la Sœur, le Frère et... Roméo. Le frère dont Pépita n'a, depuis les Fiançailles, jamais revu les mocassins ! Le frère attendu par les deux autres mais accroché à la Grosse Pomme. Bref, une maison en trois parties. Indépendantes. Mais collées !

Pépita hallucine. Hallucine sans avoir les moyens de contre-proposer : son job d'illustratrice lui fait les fins de mois difficiles. Elle laisse la chambre de l'Enfant s'imaginer sans elle et décide de conjurer ce mauvais sort à sa manière, en faisant brûler des amulettes qui viendraient la débarrasser magiquement de chaque nouvelle contrariété : ces cascades de « Youpi ! » frénétiques dès qu'un programme s'annonçait ou ces « ronrons-câlins » qui consistaient à endormir l'enfant. Soit, l'abrutir.

Un mauvais rêve éveillé une fois de plus pour Pépita qui, un, veut parler normalement à son enfant – c'est-à-dire à sa façon : « Allez, viens, *babe*, on s'arrache ! » – qui, deux, veut se retrouver avec son nouvel attelage et qui, trois, est fille unique.

Donc incapable de savoir ce qu'est une sœur, un frère, une fratrie, et incapable de mesurer les liens qui les unissent. Et qui les attachent à leur passé, leur histoire, leurs murs, leurs souvenirs d'enfance.

Fille unique donc.

Son défaut.

Sa condamnation...

Une fille unique qui en plus veut s'émanciper et a trouvé ce moyen pour le faire : Roméo, le bébé, la vie de Grande.

Pour la première fois.

Donc, *exit* les « ronrons-câlins », elle décide de tirer un bord.

Un bord imaginaire.

Une ligne de fuite...

*

* *

Sa vie au tel avec Gwendo

– Allô, Pépite ?

– C'est mignon. Première fois qu'on m'appelle comme ça...

– Pourtant, j' croyais que t'avais fiancé un « chercheur d'or »...

– Mouais... et d'épaves !

– Hou, là, là... T'as pas le moral ?

– Si, si... Répondais juste à ta remarque...

– Bref, de toute façon, t'inquiète, j' t'appelle pour une soirée où tu vas pouvoir briller de tous tes feux : la première du film *Le pire n'est même pas sûr* (!) produit par Miramax, y aura tout Hollywood !

– De circonstance...

– Quoi ?

– Le titre !

– Ah ?

– Je plaisante ! Non, ça va, on se débrouille... Le truc bizarre, c'est qu'à certains moments de la journée, je me mets à repenser avec ma tête d'*avant* et « j'oublie » ma Lulu...

– C'est-à-dire ?

– C'est-à-dire rien, j'y pense pas tout le temps...

– T'inquiète, t'as toute la vie devant toi !

– T'as raison... Mais, c'est ça qui est étrange : entre le désir d'être enceinte et le désir d'enfant, y a un *gap* !

– Mais encore ?

– Eh ben, j' suis pas sûre que j'avais *lié* le fait d'être enceinte et celui d'avoir un enfant...

– Tu pensais accoucher d'un chiot ?!

– Non, idiote ! Te dis simplement que j'avais pas réalisé ce que ça représentait...

– Normal, si on prenait la mesure des choses avant de les vivre, on ne ferait rien !

– Pas ça que je veux dire non plus !

– Alors, que veux-tu dire ?!

– Que je me pose des questions : maintenant que l'enfant est là, je voudrais bien savoir dans quoi je l'embarque...

– Tu verras...

– Eh ben non ! Pour une fois, je voudrais voir avant... Pas envie que ma fille sente une mère triste...

– Hou, là, là, t'es en plein baby-blues, arrête l'allaitement et remets-toi au champagne, t'es plus drôle !

– Suis pas triste, juste lucide : j' voudrais que ma fille grandisse dans un bon climat...

– Le Sud, c'est parfait !

– Tu le fais exprès ?!

– Non, je te pousse à *ta* question...

– Eh bien ma question – et je connais la réponse – est de savoir si je vais pouvoir transmettre à ma Lulu de « bonnes ondes » ainsi que la joie, la liberté et l'autonomie, si je ne suis pas bien avec Roméo...

– Un peu tôt pour l'autonomie, non ?

– Non ! Tu sais ce que ça donne un couple qui bat de l'aile ? Une mère scotchée à son enfant...

– Ou un père !

– Ou un père...

– En même temps, ça t'a donné de la force... Regarde-moi qui, à l'inverse, ai eu une mère super « déscotchée » et un père barré, voilà ce que ça a donné : à douze ans, je me faisais de la soupe toute seule, confondant le sucre et le sel (!)... A seize, j'étais autonome, je signais mes carnets de notes en imitant la signature de papa... Et à dix-huit, j'étais indépendante... Résultat : j'ai épuisé tout le CAC 40, par besoin de « phallus » comme diraient tes copains... Et maintenant, j' suis toujours sur le marché ! Le top, non ?

– Mais non, tu es trop exigeante, c'est tout...

– Tu crois ?

– Oui ! Et surtout : tu passes commande du mec que tu veux... On se croirait au restaurant ! Mais une Rencontre, ça vous prend par surprise !

– T'en sais quelque chose...

– Ouais, Roméo...

– Précisément, si t'avais un peu affiné le tir, tu n'en serais pas à te demander si « le pire n'est même pas sûr » !

– Et toi ! Si tu cessais de les choisir « cotés en Bourse » tu découvrirais d'autres horizons... réellement « cotés en bourses » !

– Un flic ?

– Ou un plombier... Tiens, l'autre jour a débarqué chez moi une bombe, un Black, foutu de la mort, un tee-shirt blanc savamment déchiré sur l'épaule, doux comme un agneau... avons discuté. Figure-toi que Joël, il s'appelle Joël, est une star dans le milieu du rap... Son groupe s'appelle DJ Tank, il donne des cours de musique le soir en banlieue et assure le jour en réparant la tuyauterie de ses dames, car il a une petite fille avec une nana dont il est séparé... Inutile de te dire que le four à micro-ondes qu'il t'offre a plus de valeur que le coupé jaguar Type E que te fait livrer un con du CAC, en cadeau de rupture !

– Dis, Pépite, tu devrais penser à *recycler* quand tu tombes sur des engins pareils...

– Chiche ? D'ailleurs, il cherche à faire des musiques de films, tu pourrais l'aider !

Moi sans toi

La Vie enchantée...

La belle a écarté les issues terre à terre, un amant ou un autre, elle a renoncé – enfin presque – à *ouvrir* Roméo. Elle ne veut pas le quitter – puisqu'elle l'aime ! –, elle va donc tirer un bord entre sa vie avec lui et sa vie sans lui.

Elle *déréalise*, soit exactement ce qu'on lui demande de ne pas faire. Puisqu'on lui demande de réaliser la vie qu'elle a, c'est-à-dire un enfant (qu'elle adore) et un fiancé qui se débrouille remarquablement bien avec l'œuf brouillé. Au poivre vert.

Elle est Mrs Dalloway... Une femme qui fait *tout bien* mais vit *tout mal...*

Une « Cloche de détresse »... presque.

Elle continue à s'inventer la vie qu'elle veut sans se soucier de la vie qu'elle a. Résultat : des pinceaux hyperactifs et une maman *enchantée.* Car là est un sujet où elle s'exprime. Son enfant, l'enfant-amour si ça n'est *de* l'amour, qui la fait entrer dans une dimension à laquelle, il faut bien le dire, elle était toute disposée. Une dimension qui transcende les choses, même les plus banales, même les matchs de foot, même les couches, même la salade à l'ail, même les discussions Gucci/Prada, même les plages bourrées de l'été. Non, elle ne voit que ce qu'elle veut et plutôt que de raser l'horizon, elle l'élève...

Elle dessine.

Ou (et) rêve.

La vie d'elle-même par elle-même. Zoé arrivant de plus en plus précisément à une croisée de chemins. Son héroïne la devance parfois ou la rattrape, le tout lui permet de faire sa « petite cuisine mentale » et l'amène à ce point de réflexion : vais-je tenir ainsi et forcer ma joie ou vais-je me barrer et forcer mon destin, soit devenir libre ?

Une femme libre.

C'est la question.

La Vie...

Brèves de ménage

– Dis-moi, tu le fais exprès de jeter ma petite poubelle de salle de bains ?... Tu pouvais pas deviner ? Mais t'es gourde ou quoi ? Un petit sac plastique dans une salle de bains, à ton avis, ça sert à quoi ?!

– Et la serviette de bain, encore humide... t'oublies toujours de l'étendre après ta douche, c'est chiant pour celui qui vient derrière...

– Quoi !!! T'as encore pris mon Eau Dynamisante ?!

Et ma brosse à dents ?

Et mon dentifrice ?

C'est dingue ça, d'être toujours obligée de taper dans mes affaires...

Ah, non ! MA chemise, pas question. La porter par amour ? Tu rêves !

– Dis-moi, tu veux que je descende la poubelle ?

Et que j'achète de la Volvic ?

Et du PQ ?

C'est fou ce que tu consommes comme PQ...

– Mouais, le matin j'entends tout... C'est normal, t'as vu les cloisons... Alors tu penses bien qu'entre la chambre et les chiottes...

– Dis donc, ce tampon, là, sur le bord de la baignoire, tu

crois que c'est décoratif ?... Ça me rappelle une de mes ex, elle laissait traîner ses culottes sales... Heureusement, toi, tu fais pas ça...

T'en portes pas ?! Ah ? Et qu'est-ce que ça fait à une femme de ne pas porter de culotte, ça l'excite ?!

– Dis donc, toi, tu mates les mecs ?

– Pourquoi je t'emmène pas en Afrique du Sud ??? Mais qu'est-ce que tu foutrais en Afrique du Sud, j' travaille toute la journée, tu *me* verrais même pas.

– Pourquoi je t'emmène pas en Italie ? Mais qu'est-ce que tu foutrais en Italie, j' bosse toute la journée, tu te retrouverais avec les femmes des autres toutes habillées en Prada/Gucci, rien à voir avec toi...

– Non, moi, je mélange pas, je cloisonne : j'ai ma vie professionnelle, ma vie privée et... ma vie personnelle !

– Pourquoi t'as jamais vu mes nouveaux bureaux ? Mais y sont moches, mes nouveaux bureaux... aucun intérêt.

– Tu verrais mon environnement ? Ben, tiens, regarde, toi qui dis que j' te montre jamais rien, j'ai pris une photo avec mon portable. Une photo de mon bureau et de mon assistante... Elle était toute gênée, peuchère !

– Pourquoi je t'emmène pas en cure de thalasso ? Mais toi, t'es en forme, t'en as pas besoin... T'es reposée, mais si, t'es reposée, t'as pas vu ta mine...

– Dis donc, avant de me rencontrer, qu'est-ce que tu picolais !... Dans l'avion, au restau... Moi, j' bois jamais rien dans l'avion, trop dégueu...

– Pas bonne ta tourte, t'as intérêt à revoir ta copie : j' veux pas grossir inutile !

– J' te sers des p'tites pommes de terre ?

– Tiens, au fait, c' matin, j'ai filé un coup de jet à ta bagnole... Elle était dans un état...

– T'es chic ce soir...

Et jolie.

Dis donc, t'as pas autre chose que ces sabots ? Tu portes tout le temps des trucs comme ça... tu pourrais pas t'acheter des petites sandales fines, comme Lisy.

– Tiens, ce soir en sortant du restau, j'irai pêcher, j'ai pris mes cannes... On va voir si y a du pescadou !

– T'as froid ? Ouais, ben, c'est pas grave, y en a pas pour longtemps...

– Tu t'ennuies ? Bon, OK, de toute façon, ça mord pas...

– Tu t'es pas lavé les dents, ce soir !

Allez, relève-toi, on se couche pas sans se laver les dents !

Et pis arrête de piquer mes oreillers, tu sais bien que j'en veux *deux* pour dormir... Toi aussi ? Bon, on t'en achètera un autre... mais demain.

– Qu'est-ce qu'elle a TA lampe de chevet ?

Ça sent la crevette ??? T'es chiante, j' te fabrique un truc de mes mains et tu dis maintenant que ça sent la bestiole... Arrête de lire, ça sentira moins !

– Dis, au fait, les biscottes le matin, les laisse pas comme ça, elles vont se ramollir... Faut les emballer dans de l'alu, tu vois, comme ça... bien au carré.

– Dis, c'est toi qui achètes ces merdes ??? Galettes de soja, surimi... OUI SURIMI... mais t'es pas folle... ?!

J' devrais faire attention ??? Ben, justement, j' mange rien le midi... tiens, aujourd'hui, j'ai mangé une pomme, hier un yaourt, non, je t'assure, le midi, je fais léger...

Le soir ? J' me lâche... trop de pression... besoin de me défouler...

– Le sexe ? Ouais, mais bon, faudrait rentrer... Et moi quand je sors, j'ai envie de sortir. Une bouteille de vin par soir, oui, c'est mon rythme... Mais bon, c'est convivial... On boit, on raconte des conneries...

– Tiens, ce soir, quand on descendra de l'avion, j' me ferais bien un p'tit chocolat chaud avec des tartines... C'est bien pour un dimanche soir, non ?!

Tu préfères un coup de rouge ?

Bon, alors j' te ferai des pâtes ou alors des œufs au plat avec des mouillettes, c'est bon les mouillettes, non ? Non ? Bon, ben, j' t'ouvrirai une boîte de sardines... Ou alors j' te ferai des pommes au four... d'accord ? Avec de la confiture ? Non ? juste nature ? Mais c'est meilleur avec une petite gelée de groseilles... Je t'assure.

– Les pieds paquets ? T'aimes pas ? Le tablier de sapeur non plus ? T'as tort, moi j'adore les filles ultraminces qui avalent tout... au restau, j' veux dire... hihihiiii...

– Ce soir, y a match ! On dîne à la maison et moi, je regarde le match... De toute façon, y a deux télés... L'autre est dans le placard ? C'est pas grave, tu peux la sortir... ça fait des siècles que j'ai pas regardé la télé au salon, moi, j'aime la regarder à la cuisine !

– J' boufferais bien un p'tit confit moi... Mais si, c'est léger... Et ces p'tites poires pochées, t'en dis quoi ? J' suis sûr que tu sais pas ce que c'est ce p'tit goût ? Eh ben, c'est du miel de sapin... malin, non ?!

– Moi, j' veux te *faire plaisir* alors, restau ou maison, ça m'est égal, si c'est maison tu me le dis, j'achète un poulet, des p'tites pommes de terre, une belle salade et j' me mets en cuisine...

– Bon, allez, les filles, faut nettoyer maintenant... J'ai un peu sali. Mais bon, regarde, j'ai nettoyé les grosses casseroles, reste plus que des bricoles...

– J' suis naze.

Toi sans moi

La vie rêvée de Roméo...

Mon friqué chez les curistes

Après *Mon curé chez les nudistes*, voici « Mon friqué chez les curistes ». Ou comment Roméo s'invente des situations mini-héroïques et maxi-coûteuses qui lui permettent de livrer un journal de bord quotidien de son enfer au pays des curistes.

L'affaire débute en janvier. Après les agapes de Noël et du jour de l'an, quand Roméo, un brin lourd, las de se déplacer dans un nuage de flatulences, comprend qu'il lui faut réagir. Et prendre soin de sa petite personne. D'ailleurs, c'est normal : « Après cette grossesse et cet accouchement, dit-il, je suis à bout. » Pépita ne pipe mot, elle reçoit d'une oreille distraite les plaintes ininterrompues de cet estomac plein, allongé devant la télé. Gaufrette allégée à l'appui.

L'année a été difficile, temps de réagir. Deux trois coups de fil à ses meilleurs potes et la bonne adresse circule. *The CENTRE* où il faut aller est identifié et certifié : Arthur et Estelle s'y rendent, Flavio (Briatore) aussi, Pavarotti... Heidi Klum, Naomi, quelques banquiers suisses... Et Roméo trouve donc tout naturel de contacter ce temple italien de la remise en forme chic, *entre soi*. Mais il fait le mystérieux, il annonce une cure, n'en précise pas le lieu, indique seulement que ça se situe dans le Tyrol italien et qu'il n'en dira pas plus. Mieux vaut des petits secrets sans importance que de grands mystères qui en auraient trop... Donc Roméo réserve et annonce tout à trac ce que Pépita savait déjà : il part le week-end prochain et ajoute, convaincu : « C'est une question de survie. »

Une semaine plus tard, commence le *reporting* détaillé du dégraissage du mammouth, au quotidien. Pépita, bien sûr, est la moins informée. Seule la bande de *winners* bénéficie d'un rapport complet de ce parcours du combattant... Héros un jour, héros toujours... Roméo en est certain, les médecins, soignants et autres psys-gourous ont vu juste : « C'est un tempérament solaire, doté d'une énergie exceptionnelle, irradiant de son aura flamboyante ceux qu'il croise »... Seulement voilà, l'aura en a pris un coup : trop de tournedos Rossini, pas assez de sport, trop de gigondas, pas assez de sommeil, trop de stress (y compris dans sa vie affective), pas assez de sexe (?!), trop de sollicitations, pas assez de soutien... Pépita se demande s'il ne va pas lui présenter la note. Donc Roméo est bien cet « être exceptionnel » – que les médecins ont immédiatement identifié, pesé, analysé et piquousé comme il fallait – d'ailleurs, il va revenir...

Rendez-vous est pris pour une nouvelle cure au printemps. Les médecins sont comme les putes (*confer* un savoureux commentaire de Roméo) : jamais ils n'avaient joui comme ça...

Dans la réalité et malgré les trois premiers jours de diète puis la réintroduction progressive du petit pois et de la feuille de salade savamment disposés dans l'assiette (à ce prix-là, on peut travailler la présentation du légumineux), Roméo n'a perdu que cinq kilos. On lui annonçait le double... Mais sa nature exceptionnelle a sans doute fait que, là non plus, il ne réagit pas comme tout le monde. Et c'est ensuite, précisent les médecins, que les bénéfices s'en feront sentir...

Enfin, la technique en vogue dans le centre, piquée d'une dimension spirituelle et messianique (en clair : réservée aux êtres élus) a ouvert Roméo à de nouveaux horizons : IL EST RELIÉ AU GRAND TOUT et la petite chose qu'est Pépita n'a qu'à bien se tenir.

Les vacances en Alaska : un Junot peut en cacher un autre...

La maison se remplit. Et, pour une fois, pas de fraises Tagada ni d'Eau Dynamisante mais d'une garde-robe flambant neuve : gros ciré, polaires, pantalons larges à poches multiples, chaussures bateau, chapeaux à oreillettes fourrées... A laquelle viennent s'ajouter des accessoires divers : gourde, sacs à dos, cannes à pêche de belle taille, boîte de hameçons imitation poisson époustouflants de bigarrure et de formes. Insoupçonnées. Pépita a beau avoir été vertement baptisée dans un shipchandler, elle n'a pas tout vu... Non, elle n'a pas tout vu. Ni entendu.

Intriguée par cette série d'achats compulsifs, Pépita s'enquiert : « *Quid* de ces nouveaux joujoux ? » Réponse de Roméo : « Pose pas de questions. De toute façon, t'y connais rien. »

Puis les jours passent.

Et l'été approche...

Roméo est de plus en plus bizarre, il revient avec de mystérieuses cartes qu'il potasse discrètement dans la chambre. Il *stabilote* à qui mieux mieux, passe des coups de fil à voix basse excluant clairement sa moitié. Il mijote quelque chose. Et, pour une fois, pas un ragoût de mouton. Non, autre chose. De confidentiel. De secret. Un seul nom lui échappe : Junot.

Philippe Junot ? se demande Pépita dont les références ne sont pas toujours à la hauteur de ce qu'elle aimerait... La machine à fantasmes se met en marche. Que vient faire Philippe Junot dans la bouche de Roméo ? Quoi de commun entre son beau, pêcheur éternel et l'ex de Caroline, pêcheur *devant* l'Eternel ?

Non, là, Pépita ne voit pas. Ils avaient bien déjeuné ensemble il y a quelques semaines, un moment extatique pour notre midinette... Mais il avait fallu plusieurs bouteilles de bordeaux et quelques bons cigares pour que Roméo, lui, se déride. L'astre avait fini par trouver le vieux play-boy sympathique mais n'avait pas, pour autant, montré un empressement particulier à le revoir.

– Tes déj' au Flore avec des *has been*, tu repasseras ! Je préfère passer mon week-end avec Jo (le pêcheur) plutôt qu'avec un mec bronzé toute l'année, si aimable soit-il, *capito* ?

D'où la grosse interrogation de Pépita.

Les jours passent.

Aucun Junot à l'horizon.

Et puis un jour, Pépita est invitée chez des amis. Communs. Et là, elle découvre dans une petite pièce attenante à la cuisine un attirail semblable à celui qui s'est constitué chez elle pendant des semaines. D'où sa perplexité.

Pour la deuxième fois, elle ose sa question : « *Quid* de ces nouveaux joujoux ? » Et là, elle obtient SA réponse : « Nous partons en Alaska. Cet été. » Pépita ne dit rien. Mais elle sent qu'elle brûle. Et, pour une raison qu'elle ignore, elle demande où démarre le périple. Question parfaitement idiote en soi puisqu'elle sait à peine où se situe l'Alaska. Mais c'est ce qui lui vient, innocemment...

Réponse : à Juneau !

Mais c'est bien sûr !!!... Junot/Juneau, *she's got it* !

Et là, elle ne dit rien. A nouveau.

Par souci du ridicule, cette fois.

Pourtant, il lui manque la grosse confirmation. Roméo fait-il partie du voyage ? Elle-même est-elle pressentie (quand on est gourde, on l'est jusqu'au bout)... Une Autre ?!

Il lui faudra attendre quelques jours. Et bénéficier de la bienveillance d'une amie pour être définitivement éclairée :

« Je voulais te dire... bon, ça va pas te faire plaisir mais l'autre jour, j'étais en bateau avec Polo, tu sais celui avec qui on part en vacances cet été. Eh bien, il m'a prise à part – comme il sait qu'on est copines – et il m'a dit, il m'a dit... il m'a dit que Roméo partait avec nous. Et il a ajouté : “Faut pas le dire à sa femme, elle est pas au courant...” »

Une chose est sûre : Pépita peut vraiment compter sur ses copines...

« The Full Package »

Habituée à l'amour, soit à ne pas être seulement l'accessoire d'un homme – une peluche ! – mais son essentiel, Pépita a mis des lustres à ne pas comprendre ce qui lui arrivait. Ou plus exactement, ce qui ne lui arrivait pas : câlins, mots doux, nuits d'ivresse, bouquets, etc. Du coup, elle a mis plus de temps encore à se poser les mauvaises questions et plus précisément La mauvaise : « M'aime-t-il ? » Puisque pour Roméo, là n'était pas le sujet.

Après avoir dit OUI à l'enfant, l'homme entrait, je vous le rappelle, dans cette ère rêvée du « pas de question » et disait même que, « foutu pour foutu », pourquoi ne pas enchaîner sur un deuxième ?! Oui, bien sûr... Pourquoi ne pas enchaîner, mais enchaîner QUI au juste ?

Or, c'est après avoir dit OUI à l'Enfant que la femme, elle, commence à se poser des questions. Sérieuses. Et à chercher des réponses. Concrètes.

D'où le début d'une transgression honteuse mais terriblement excitante : la fouille occasionnelle puis systématique des affaires de son jules !

Elle a commencé par la visite de son agenda et a découvert... Rien. Ou presque. Un peu plus de restaus branchés qu'il ne l'avouait, une addiction à Taillevent qu'elle ignorait, une condensation étonnante de réunions, quelques drinks ici et là, mais rien de fondamentalement louche. Non, au contraire, un homme qui travaille et qui tourne – comme elle le savait – avec cinq à six régulières. Adresses, j'entends. Et cinq ou six potes, toujours les mêmes. Et tous, de sexe masculin. Ce qui ne l'a pas exactement rassurée, ceci confirmant son peu d'intérêt pour *la chose féminine*... A moins, à moins bien sûr, s'est dit la belle, qu'il n'ait un double agenda, comme d'autres ont une double comptabilité... C'est là qu'en poussant l'observation plus avant, elle a constaté des rendez-vous notés au crayon de papier, qui tranchaient curieusement avec les rendez-vous professionnels, que signalaient de larges couches de Stabilo... Certains semblaient avoir été effacés, d'autres encore apparaissaient sous de mystérieuses initiales. Mais rien de probant, au fond. D'où la perplexité de Pépita qui ne trouvait là matière à expliquer le comportement de son homme. Et encore moins matière à déclencher une scène, un épisode passionnel, quelque chose enfin qui tranche avec les packs de Volvic et... le magret de canard !

Jusqu'au jour où, accroupie devant le sac de voyage de Roro, la tête enfouie à l'intérieur, elle découvre, au fin fond du sac, un paquet de photos savamment dissimulé sous une boule de linge sale et là, elle se dit : « Eurêka, J'ai trouvé ! »

Cœur battant, mains tremblantes, elle s'empare du paquet, maîtrise son envie de le déchirer (trop visible) et décolle avec la minutie d'une fourmi sur un fil de Nylon le Scotch qui scelle le trophée en question. Retenant sa respiration, elle ouvre et découvre... un album complet de la faune sous-marine !!! Trophées de pêche, gros plan de mérous, détails de sardines, portraits de pêcheurs sur le vif, scénettes d'extraction de poissons laborieuse, photos de tablées viriles autour de langoustes grillées, accolades au moment du départ... Bref : « Il me trompe, mais avec des thons ! » Au sens propre. D'où une nouvelle déconfiture – paradoxale, je vous l'accorde – d'une Pépita de plus en plus consternée. Et dont la logique binaire se cassait la gueule : « Il me délaisse, donc il me trompe. »

C'est là que tout le bon sens freudien est une nouvelle fois éclairant *: la jalousie est le signe indubitable de la tromperie.* En clair : méfiez-vous d'une femme jalouse, elle a sûrement un amant. Ceci par simple mécanisme de projection/identification redoublé par une culpabilité qui cherche à se soulager. Donc, à se faire mal !

Ainsi, tourneboulée par son précédent zapping entre *La Petite Maison dans la prairie* et *Neuf semaines et demie* (le flic ayant remplacé haut la main Mickey Rourke !), Pépita s'est mise à délirer et à imputer à l'autre ses propres turpitudes... D'où ce lâchage total du côté de la fouille : poches, sacs de voyage, courrier, armoire de salle de bains... Portable, bientôt. Car côté poches, rien si ça n'est des notes de restaus *au kilo* et quelques lettres d'amour de ses potes les plus enflammés : « Mon Roro, je t'aime ! » signé : *Jo, pour la vie...*

Côté courrier, que dalle ! Et dans l'armoire de la salle de bains, un stock sans cesse augmenté de boîtes de préservatifs resté... vierge. Comme quoi, on a beau avoir des intentions, encore faut-il avoir des occasions. Mais Roméo est comme ça, il accumule, il stocke : les boîtes de capotes et les souvenirs, les boîtes de thé et de biscottes, les bouteilles de vin et les rouleaux de PQ, les calories et les histoires drôles ! Vrai que côté biscottes, ça baisse plus que côté capotes, mais sait-on jamais...

Convaincue de l'absolue fidélité du beau – à lui-même – Pépita finit par se rendre à l'évidence : il n'y a pas d'autre femme. D'où sa grosse inquiétude : où passent ses millions de petites bébêtes ? Se branle-t-il ? Ses couilles risquent-elles d'exploser ? Ses yeux exorbités ne sont-ils pas le signe d'un trop-plein ?... Autant de questions qu'aurait pu poser une élève de CP (perturbée) face à son premier cours d'éducation sexuelle... Autant de questions finalement restées sans réponses...

Jusqu'au jour où elle franchit un dernier seuil. Définitivement peu honorable : le vol pur et simple du PORTABLE. La petite boîte noire de son jules, ce pur bijou de technologie, ce coffre-fort des cœurs modernes, cet instrument discret du nouveau discours amoureux !

Et là, bonne pioche !

Mais attention, le passage à l'acte sur le petit portable ne s'est pas fait comme ça. Il a d'abord fallu la conjoncture : un week-end succédant à une fugue marocaine restée inexpliquée. Et datée, le week-end de *SA* Première Fête des Mères. *Détail* passé inaperçu pour Roméo et dont il arguera, à son retour : « OK c'était TA première fête des Mères, mais la seconde aussi ça sera TA première deuxième fête des Mères ! » Ensuite, il a fallu bénéficier de conditions météo favorables : un ciel parfaitement dégagé et une mer d'huile, d'où un programme incontournable : plongée, oursinade, déconnade et ça, dès potron-minet. Enfin, il a fallu un hasard bienheureux, autrement dit un acte manqué réussi : Roméo, dans sa précipitation, oublie son portable... à la maison. Le con ! Or, avant le rencard avec les potes, il a la non moins incontournable réunion de chantier avec tous les corps de métier qui participent à l'érection du château azuréen, d'où l'impossibilité a priori de faire demi-tour... Enfin, il a fallu ce dernier franchissement de sa moitié : la prise en main du portable, une compréhension rapide des touches principales, « SMS », « messages reçus », « messages envoyés », puis une plongée – chacun la sienne ! – dans un univers privé et jusque-là inconnu : *L'envers de son jules*. Le tout effectué dans un état de précipitation-excitation-nervosité, jouissance, disons-le, rarement égalé.

Non, pour Pépita, le crime ne s'est pas fait de sang-froid. Elle a d'ailleurs hésité. Un, à consulter. Deux, à voler. Mais une fois qu'elle a consulté, elle doit voler, soit ne laisser aucune trace et disposer du temps nécessaire pour bien dépuceler le portable. Enfin, et Pépita le sait, *le névrosé est un pervers qui n'ose pas...* Sauf qu'en un instant, TOUT peut basculer. La preuve : dans un premier temps, elle hésite, culpabilise... Dans un second temps, et après une sorte de *momentary lapse of reason* (quasi orgasmique), elle franchit tous les barrages, ne se pose plus aucune question et accomplit son crime. Jusqu'au bout.

Sa nervosité fait place à un calme olympien, elle voit son beau rentrer dégoulinant et crier : « J'ai oublié mon portable ! T'as vu mon portable ??? »... Elle tremble mais ne laisse rien paraître. Elle le laisse s'agiter, le rassure, compatit, prend des mines affairées, propose son aide, regarde sous le lit, dans les draps... aux chiottes, dans le frigo... Bref, elle déploie des trésors de coopération active et sourcille à peine quand il commence à faire sonner son deuxième portable (pour localiser le premier), en faisant le tour de la maison pour s'assurer que le petit outil en question n'est pas en train de se bronzer au bord de la piscine. Elle ne dit rien mais sue à grosses gouttes.

Quant à lui, livide, secoué, dans un état proche de celui d'un homme venant d'avaler – sans le savoir – un flacon de Josacine, il la regarde, incrédule. Mais la femme est impeccable. Elle se met à faire sonner le sien, l'aide à effectuer un travail de remémoration, suggère que, peut-être, il l'a perdu le long de la route... Il était en Dax avec un jean, les genoux lui remontaient sous le menton, le petit engin a pu tomber de sa poche... Elle lui dit qu'il l'entendrait sonner. Or, il est sur vibreur... Et ça, Pépita le sait... Sauf que ce qu'elle ne sait pas, c'est qu'un portable sur vibreur sur (ou sous) certaines surfaces fait plus de bruit qu'un roulement de tambour en plein 14 Juillet ! C'est là qu'elle flippe, flippe vraiment... Quand elle le voit s'approcher de sa voiture et faire sonner le deuxième portable en le baladant du plancher au plafond. Oubliant le coffre. Et là, Pépipétoche prie sa mère, le ciel, se liquéfie, cherche à faire diversion, vacille sur ses semelles compensées de bimbo. Réveillée. Façon Adjani, dans *L'Eté meurtrier*. Ouf ! Le jules oublie le coffre, revient sur ses pas, scrute les poubelles, vide une nouvelle fois ses poches, passe deux ou trois coups de fil et décide de refaire le chemin du matin, toutes mirettes dehors.

Il disparaît...

La voleuse déplie bras et jambes sur son gentil fauteuil, souffle un bon coup, court jusqu'au coffre et reprend la lecture détaillée des SMS de son autre. Et là, c'est bingo, gros bingo, super bingo, bingo au-delà de tous les bingos : elle tombe sur les SMS relatifs au week-end marocain...

Dans le texte :

Avant le week-end : « *Do you need sex ? For easy sex*

press 1, for oral sex press 2, for soft press 3, for hard sex 4, for a 69 press 5, for full package press my number. »

Venant de Jay Burnet. Le 5/6 à 12 h 56.

Après le week-end : « *I've really appreciated the full package plus the friendship option. Love, Roro.* » Le 8/6 à 18 h 53.

Elle hallucine. Ce qu'elle lit est bien écrit. Elle tremble. En tremble... La dose d'adrénaline qu'elle se prend en un seul shoot la fait bondir de son gentil fauteuil, tourner comme une toupie dans cette Petite Maison (dans la prairie) devenue soudain un Palais des Mille et Une Langues abritant un Docteur Jekyll et Mister Hyde du cul, insoupçonné. A ce stade, j'entends. Elle grille clope sur clope, descend deux trois verres de rosé pour calmer ses esprits et arpente la maison, espérant y trouver une issue qui n'est autre qu'intérieure. Son esprit s'arc-boute, il se cabre à cette frontière entre douleur et plaisir. Le plaisir d'*avoir trouvé* et la douleur de se *prendre la trouvaille* en pleine gueule !

Elle voulait savoir, elle sait. Elle voulait trouver, elle a poussé au crime... A force d'allusions au fait qu'il devait bien baiser quelque part QUAND MÊME ! Roméo, qui ne voulait sans doute pas passer pour un *con*, a cédé au désir de l'Autre. C'est-à-dire à celui de sa *meuf*. Et là, il a décidé de la gâter. D'où le festival marocain, le programme son et lumière, le marathon sexuel. La Rolls-Royce de l'infidélité. Imbattable. Indépassable. C'est là qu'il a fait fort. Il a tapé là où ça fait mal, il s'est tapé un pur fantasme. Masculin. Donc féminin. Une pute. Et marocaine, en plus. D'où l'indépassable puisqu'il s'agit là d'une réelle altérité érotique contre laquelle aucun porte-jarretelles ni aucune combi en latex ne peuvent lutter.

*

* *

Sa vie au tel avec Yolanda

– Allô, Yolanda, c'est Pépita…
– Oui ?
– C'est fait !
– Quoi ?
– Le choc !
– Ah, c'est-à-dire ?
– Vais vous dire, mais là, OK ?, c'est gratuit…
– Vous me connaissez, je sais donner de mon temps…
– D'autant que c'est pas vous qui allez me prédire l'avenir, mais moi qui vais vous confirmer votre talent… Ai eu le choc, le gros choc, le choc qui vous retourne un estomac, et une vie… Le choc qui vous fait comprendre qu'on est la Reine des Connes. En clair, et j'aurais pas dû laisser Sollers si loin de ma table de nuit, vrai qu'en même temps, ma table de nuit, je l'avais plus… J'avais une lampe à effluves chinois…
– Reprenez, vous colimaçonnez…
– Exact, donc je disais, et comme Sollers l'énonce clairement : « Quand on se demande ce que l'autre veut, c'est qu'on sait ce qu'il ne veut pas ! »
– C'est-à-dire ?
– Eh ben, quand on commence à se poser des questions c'est qu'on *a* la réponse, mais qu'on ne veut pas la voir !
– L'avoir ?
– Non, LA VOIR ! Comme dit l'un de mes maîtres : « La réponse est dans la question »…
– Vous avez trop de maîtres, pensez par vous-même…
– Dis-moi, Yolanda, si je pensais par moi-même, je viendrais pas te voir !
– On se tutoie ?!… Bon, OK, vous êtes agacée…
– Ouais, parce que tandis que moi j'ai des maîtres, mon jules a des maîtresses. Enfin, une. Enfin, un coup. Enfin, bref : il m'a trompée…
Ouiiiin…

– Reprenez-vous... M'a semblé que votre jeu n'était pas net net...

– Certes, mais je l'aimais...

– Lui aussi, sûrement... A sa *façon*... C'est ce que je sens...

– Au lieu de *sentir* – ça, c'est le boulot de mon psy... – voyez ! Donc, que voyez-vous, là maintenant ? Deux cocus sur un quai de train ne sachant pas s'ils vont monter dans le même ?!

– Je vois effectivement deux bêtes à cornes (*sorry !*) qui s'opposent, deux énergies qui s'affrontent, confrontée chacune à sa vérité...

– Et ?

– Et je vous l'ai dit, vous allez vous recentrer... « Une crise est toujours, en bien ou en mal, un moment de clarté », *dixit* Salomon Resnik (na !)... En outre, je ne vois rien de sérieux dans la vie de Roméo... sa vie sentimentale, j'entends. Il s'est laissé embarquer... Et pis, je vois un truc, une image claire : vous ne dormez pas avec lui ?!

– Euh, disons que depuis la naissance de l'enfant et le sein et le biberon, j'ai plutôt dormi dans la chambre de Lulu.

– C'est un choix !

– Pas franchement, mais un mec qui ronfle, vous savez ce que c'est...

– Oui, un mec... Donc ce que je vois, c'est deux énergies qui s'affrontent, et vont se libérer... pour inventer un quelque chose qui leur ressemble...

– Un ménage à trois... ou quatre ?!

– Je ne sais pas... D'autant que je revois ce pompier, ce sauveur qui va pacifier l'ensemble...

– Jean-Philippe ? Vous délirez !

– Vous avez les cartes en main...

– Ouais, ben pas question de finir dans un panier à salade...

– Vous y êtes déjà !

– Certes, mais je parlais, de l'*environnement*... C'est mon père qui va adorer !

– ?

– Ouais, après le *winner*, le flic de quartier, sûr que ça va lui plaire...

– Votre père ? Un homme intelligent, je vois, sensible, il veut votre bonheur... Il vous fait confiance, il ne vous mettra pas de bâtons dans les roues...

L'homme qui aimait les femmes...

Une petite phrase aux grosses conséquences...

Si Lacan avait voulu un jour *hameçonner* Roméo, il lui aurait dit : « La Femme n'existe pas. » Phrase fameuse qui lui aurait rendu la psychanalyse fort sympathique. Et... limpide ! A laquelle il aurait ajouté, tout enhardi par cette lumineuse révélation : une femme non plus. Ecrasant là toute la nuance du propos.

Car si pour l'un, LA Femme n'existe pas, c'est parce qu'à le dire comme ça, ça devient un concept. Une abstraction. Alors qu'une femme existe en tant qu'*une*, en particulier. Or, pour Roméo, c'est tout l'inverse. LA FEMME existe comme concept, abstraction rêvée (« La femme de ma vie ») ou mieux, cible marketing (« la ménagère de moins de cinquante ans »). Tandis qu'une femme, en particulier, existe *péniblement* en tant que concrète et proche et aimante et à aimer. Surtout si c'est la sienne.

Ou alors existe au titre de *petite chose* élevée au rang de *sa gonzesse.*

Une *petite chose* qui n'a qu'à bien se tenir !

Enfin, si nous tombons sur un grand jour, un jour où Roméo « ferait des phrases » par exemple, vous l'entendrez déclamer : *J'aime les femmes !*

Or, les aimer toutes (de loin) lui permet cette économie radicale d'aimer la sienne (de près) c'est-à-dire près d'elle, de ce qu'elle est, et lui offre cette gratification secondaire, romanesque en diable, de s'identifier à *L'homme qui aimait les femmes*.

La preuve !

Par le petit bout de l'oreillette

Les putes

– Les putes ? Ouais, mais une call...

– Une fille propre, qui fait ça parce qu'elle a *pas le choix*...

– Mais attention, moi, j' les *traite*... Pas question qu'elles prennent pas leur pied ! Parce que moi, ce que j'aime, c'est les faire jouir... C'est le *deal* : je les paie que si elles jouissent, je leur dis dès le départ sinon, c'est pas la peine... Et là, elles se lâchent... En général, elles en reviennent pas. Si, si, je t'assure, la dernière fois, y en a une qui a tellement crié qu'elle m'a rappelé, elle voulait me revoir...

– Combien ? Trois mille.

Les ex

– La dernière ? Ouais, elle m'a quitté... Elle avait tout pourtant : l'appart', les week-ends à Saint-Trop', au restau tous les soirs, un homme de ménage et puis, je payais tout... Elle s'est tirée avec un chanteur... C'est elle qui bosse maintenant, lui, y reste à la maison. Amoureuse ? Non, elle est pas amoureuse... Elle est *bien* qu'elle dit. En plus, elle a cru qu'elle allait rester copine avec mes potes ! Elle a fait deux trois dîners avec eux, mais ça n'a pas duré longtemps, trop conne !

Le seul truc que je lui ai confié dans l'appart', c'était la tapisserie... Une merde, elle m'a fait une merde, et en plus, ça lui a pris trois siècles !

Et puis, elle se prenait pour une artiste, alors moi, pour lui faire plaisir, quand je l'emmenais à la pêche, je lui avais acheté de la boue et un tour... Elle sculptait, je pêchais, eh ben, nan, ça lui a pas suffi...

Et puis, le nombre de voyages à Florence que je me suis payés, pour lui faire plaisir encore. Elle aimait les églises, qu'est-ce qu'on s'est tapé comme églises... Remarque, c'est sympa Florence... Y a de bonnes pâtes !

Au fond, ce qu'elle voulait c'était un *ménage.*

D'ailleurs, la tête qu'elle a faite quand je lui ai montré l'appart' sublime que j'avais trouvé dans le Marais. Le quartier top branché ! Tout ce qu'elle a vu, c'était qu'y avait pas de chambre pour l'Enfant. Tu vois le niveau ???

Elle était molle finalement.

Et pis incapable de faire cuire un œuf, on était tous les soirs dehors. La belle vie ? Euh... Non, j'avais rien à lui dire.

– L'avant-dernière ? Ouais, elle m'a quitté, c'était une dingue... pas branchée cul du tout. Tous les matins, elle pleurait. J' sais pas pourquoi, des problèmes avec sa famille... Je la regardais comme un *bel objet*, quand elle se levait et qu'elle traversait la chambre avec ses longs bras qui pendaient, je la regardais et j'en revenais pas d'avoir un si bel objet devant les yeux... Elle voulait faire de la télé ou chanteuse... Elle était complètement allumée mais bon, elle me prenait pas la tête, sa seule question du matin, c'était : « J'achète des sets de table en bambou ou en tissu... ??? »

Pépita

– Toi, par contre, j' vois pas bien ce que ça peut donner *en ménage*... Quand je vais te dire : « Achète du lait et des p'tits-suisses », j' vois pas bien comment ça peut fonctionner...

Et puis Toi, c'est pas pareil, avec toi... Je crois que j'ai jamais eu autant de discussions intelligentes avec une fille.

– Mais bon, t'aimes rien de ce que j'aime...

Tu vois, cet été, je m'étais dit qu'on se mettrait au mouillage deux trois jours. Tu m'aurais regardé plonger ou t'aurais lu, j'aurais installé une TV dans la cabine et j'aurais regardé le foot... Mais tu veux pas. T'aimes rien de ce que j'aime...

– Où j' vais ? T'es trop curieuse, c'est fou ça, une vraie pipelette.

Et pis tu balances, moi, j'aime les femmes qui disent rien.

Et pis tu fais des phrases.

Et pis t'as aucune notion de fric… Mouais, moi, j'ai trimé toute ma vie… Tandis que toi, toi, t'as fait du coloriage !… Bref, j'ai pas bossé pour que tu claques tout ou pour que *quiconque* m'empêche d'en profiter !

– T'es fatiguée ? Non, mais c'est juste un p'tit dîner, que des potes, une douzaine, j' ferai tout : la bouffe, le service… Par contre, les courses, tu pourrais peut-être…

– Toi ? Mais toi, rien ne te manque.

– Dis, t'as vu mon bateau ??? Un vrai bateau de milliardaire, non ? Le nombre de gens qui s'arrêtent devant, c'est fou… Y en a plus d'un qui voudrait l'avoir… tu connais pas ta chance !

L'assistante

– Elle ? Elle, c'est une fille courageuse, pas une vie facile, sérieuse, bosseuse, elle fait tous les matins une heure et demie de trajet en RER pour venir bosser… Et tous les soirs, elle refait le même trajet !… Elle est vraiment top, elle m'appelle tous les jours pour être sûre que je me réveille… Tu te rends compte ?! Elle est vraiment gentille… Et pis elle comprend, ELLE.

– Pas mal ? Ouais, mais bon, timide. Amoureuse ? Tiens, maintenant que tu me le dis… J'y avais pas pensé… Vrai que parfois, elle *rougit*… Et pis bon, faut dire qu'elle trouve que je suis un mec top, détendu, sympa, drôle… pas un patron classique. D'ailleurs, quand ils m'ont fait chier au boulot, elle était là pour me remonter. Super solidaire, quoi !

– Et pis elle a connu que deux mecs dans sa vie, deux mecs, tu te rends compte ??? Une fille vraiment bien.

Et pis elle écrit. Des histoires pour enfants… Je le savais pas mais l'autre jour elle est arrivée avec son petit paquet de nouvelles, pour me demander mon avis…

Alors ? Pas lu… pas encore… ça craint, va falloir que je

lui dise quelque chose d'ici lundi, mais bon, moi, les histoires pour enfants, franchement, c'est pas mon truc...

N'empêche, tu te rends compte, elle écrit en plus de son travail et de ses deux gosses. ELLE. J' me demande comment elle fait. Elle m'a dit que c'était pendant ses trajets en RER... C'est beau !

– La semaine prochaine, je l'augmente !

– Dis, au fait, tu connaîtrais pas un éditeur ?

– Et pis ses nouvelles, tu pourrais pas les lire ? Comme ça, tu me dirais...

– Tiens, au fait, elle a trouvé un éditeur. ELLE.

La femme idéale

– Moi, ce que je veux c'est une fille qui soit éblouie en permanence, émerveillée... Une fille qui n'ait jamais rien vu, quoi !

– Ce que j'attends d'une femme ? Qu'elle m'aime, qu'elle aime ce que j'aime et que je lui fasse confiance.

– Et pis j'aime les femmes qui disent rien, tu vois, comme la Marocaine de Jay : elle est assise, elle sourit, elle mange. Une femme qui dit rien, c'est mystérieux... Bon, c'est vrai que... parfois, y a du vide *derrière*...

– Moi, au fond, ce qu'il me faut c'est une bonne paysanne avec les ongles un peu noirs... Une fille qui n'ait jamais vu une manucure, si tu préfères !

Une bonne paysanne ou... Françoise Dorléac ! Une aristo que j'emmènerais bouffer une pizza derrière les poubelles... Sûr qu'elle adorerait, ça la changerait...

Le fantasme

– Moi, ce que j'aime c'est les filles maigres qui ont les bras qui pendent, l'air un peu molles et... et... disons, végétales... Des légumes ? Euh, non, végétale... genre grande plante... Enfin bref, j' me comprends.

– J'aime bien les bouches, ouais, je fais très attention à la bouche... *hihihihi*... c'est important, non ?

– J'aime les filles coincées, celles qui ont l'air de saintes-nitouches, les bourgeoises...

– J'adore les prendre le matin quand elles sont tout habillées et qu'elles ne veulent pas être froissées... Là, j'en profite, je massacre le tailleur, je fais sauter le collier de perles et le petit chignon et là, je les besogne, j' te dis pas...

– J' suis pas très porte-jarretelles, en revanche, j'aime bien le latex. Surtout si c'est une Jap', c'est-à-dire un truc minuscule que je fais tourner autour de ce que tu sais... *Hihihihi...*

Fragments du discours amoureux

– Moi, pour vraiment pouvoir baiser, faudrait que j'aie le temps de *m'investir à fond*, comme pour la plongée, que ça soit un vrai programme...

T'as un programme, toi, ce week-end ?

– T'as jamais joui comme ça ! Ouais, j'ai l'impression que t'as décollé grave...

– Elle bande bien ma queue, non ???

– Vas-y, reste dessus, tu verras... Même après, j' bande longtemps... Tu devrais arriver à te faire jouir...

– Avec moi, y a des femmes qui, quand je les faisais jouir, pleuraient...

– Moi, ce que j'aime, c'est voir le visage de la fille se déformer...

– Bon, allez, viens, viens...

– J' vais te dérouiller.

T'écarteler.

Te punir.

– Euh... déjà ??? Mouais, c'est normal !... T'as vu comme tu m'as sucé, aucun mec n'aurait pu tenir...

Ah ? T'as pas joui ??? Fallait te dépêcher !

Bon, ben, puisque c'est ça, va falloir que t'attendes...

Je te resauterai, si tu le mérites. Mouais, dans une semaine ou deux...

– Moi, ce que j'aime, c'est baiser quand je suis chaud... Après une bouteille de vin, un tournedos Rossini, une bonne grosse salade à l'ail et là, j' me lâche...

– Le matin ? Ah non, j'ai horreur de ça... Les odeurs du matin, tout ça, ça me dégoûte...

– J' vais te prendre les fesses.

Et la tendresse...

– Non, moi, j'ai horreur qu'on me colle quand je dors... Non, non, me touche pas... J'ai le sommeil léger...

– Un câ quoi ??? Un câlin... Euh, bof... Non, moi, j' suis plutôt latex.

– Et pis un mec, surtout un mec comme moi, pervers sexuellement : j'aime bien mater.

Enceinte...

– Non, moi, une femme enceinte, ça me dit pas trop, j' sais pas mais bon, tous les mecs sont comme moi, quand leur femme est enceinte, ils la baisent pas...

Ils baisent celles des autres ?!

Enceinte ??? Tu divagues...

Et l'amour...

– J'ai jamais été heureux avec une fille.

– Qu'est-ce qu'on peut faire ensemble ? J' vois pas, avec mes copains, oui, j' vois, mais avec une fille, j' vois pas trop... Surtout si elle n'aime aucun de mes programmes...

– Mouais, ben, j' suis pas homosexuel, mais c'est avec les mecs que j' suis le mieux... D'ailleurs, dommage que j' sois pas pédé !

– T'as vu la connasse là-bas ? ? ?

– Moi, j'ai toujours été fidèle aux femmes avec qui j'ai été, remarque... c'est peut-être que j'ai manqué d'occasions...

– Au fond, j'ai pas vécu mon adolescence, j' me suis pas assez tapé de filles... C'est sûr que celle-là, là, elle aurait bien voulu que je *l'écartèle sur le capot de sa voiture*... Mais bon, encore une que j'ai ratée.

– Et pis, moi, j' sais pas draguer, ça prend du temps, faut dire des trucs, faire le charmant...

– Tiens, j' pars à la pêche au thon la semaine prochaine !

« POINT BREAK »

A lui l'honneur…

La phrase de trop !

Beau temps, mais orageux en fin de journée. Pépita s'est pris le coup de sa vie, le « retour de magret », non pas que son homme ne *baise pas* mais il *baise ailleurs* ! Vrai qu'elle se sent un brin coupable – c'est sa nature ! –, mais là, franchement, le mec a fait fort. En poussant un peu, ça l'*exciterait* presque. Elle voulait un épisode passionnel, elle l'a. A ceci près que le tout s'est joué le jour de la fête des Mères, ce qui est drôle (et logique), la maman et la putain cohabitent assez mal dans l'esprit de son autre. Drôle oui, mais pas marrant. D'où l'absolue descente aux Enfers, dans un premier temps. L'absolue jalousie aussi : il fait à d'autres ou avec d'autres ce qu'il ne me fait pas à moi. Et l'absolue candeur : pourquoi ?!

Alors que je suis belle, bandante (ultra), vive (un peu trop) et amoureuse (mais faisant des phrases !), pourquoi donc, pas moi ? Mauvaise question…

Une échappée belle sans doute. Et puis une erreur de base : on ne vous aime pas pour vos qualités mais pour vos défauts ou vos faiblesses, beaucoup plus touchant la faiblesse… Un être à sauver : le Rêve !

Les copains aussi et un je-ne-sais-quoi qu'elle ne sait pas.

Mademoiselle Je-sais-tout ne sait plus. Et là, elle réfléchit : ça passe ou ça casse ?

Elle est elle-même à la tête d'un passif, passif rapidement

écarté grâce à ce raisonnement imparable : le trompé est responsable de son état, si lui-même n'avait pas été *à côté de la plaque*, il n'aurait pas été trompé. Certes, mais si ça s'applique dans un sens, ça s'applique dans l'autre. Donc, absoudre Roméo. Oui, mais la fête des Mères… Tu nous gonfles avec ta fête des Mères ! Et qu'as-tu fait *toi* pour ta fête des Mères ?!

– Ben, euh… Me suis distraite…

Donc : un, partout. La balle au centre.

A ceci près que Pépita ne prévoit pas d'être submergée par une vague d'émotions… Donc elle pleure et pleure encore, en décalé en plus, elle pleure sur un détail, pas sur *le* gros détail, elle pleure parce qu'il n'a pas voulu l'emmener boire un chocolat chaud, un après-midi frileux… Ainsi Roméo voit pour la première fois sa moitié débarquée de son cheval, elle aussi, et émue et émouvante et en larmes et sur le lit et en tee-shirt, ras du bonheur…

Il lui décoche : « Arrête de pleurer, ça me fait bander ! »

Pépita est stupéfaite. Elle ne sait absolument pas ce que cette phrase veut dire. Mais ce qu'elle sait · *c'est que c'est la phrase de trop !*

Elle ne comprend rien aux hommes.

Pensée magique et appendicite…

La question est maintenant : comment se barrer ?! Prendre la décision : peux pas.

Inventer les circonstances, soit penser puissamment à un « événement » qui viendrait contrarier le cours des choses : peux. Car Pépita est sur le départ, elle doit quitter La Panacée et rejoindre La Maison Familiale de Roméo.

Or, le ciel va jouer en sa faveur…

Un soir où Roméo se sent mal, mal au bide, mal à l'âme, mal partout… Elle est en partance pour une soirée entre amis (ceux de Roro !) annoncée comme une soirée « entre nous » (soit au bas mot, soixante-dix acrobates qui se préparent à trinquer à cette vie formidable) qu'elle entend ne pas rater. Un shoot d'excitation dans ce monde de *ronrons-câlins*, ça ne peut être que bien ! A ceci près qu'au milieu de la nuit, Pépita est rappelée à ses obligations : Roméo fait une crise d'appendicite et il faut l'hospitaliser. Elle termine sa coupe de champagne. Et rejoint son homme, le lendemain matin.

Rapport au fait qu'il l'avait dispensée d'accourir : « Vois pas ce que tu foutrais là »... Et lui avait rappelé, au contraire, qu'elle avait du pain sur la planche : il fallait qu'elle déménage *seule* car il était alité. Ce qu'elle appréhendait parfaitement...

Le lendemain matin, son homme pèse cent dix kilos moins quelques grammes... Il est « au mieux ». Au mieux, soit en héros négatif d'un été raté, une nouvelle histoire à raconter. Ce qu'il ne tarde pas à faire... Tandis que Pépita reste le cul collé à un fauteuil en plastique bleu, il narre à grand renfort de détails les temps forts de son hospitalisation. Et de sa crise. Au téléphone. Pépita ne bronche pas. Assise sagement dans sa petite robe en jean, elle assiste au spectacle.

Une fois de plus...

Et enregistre les commentaires – « J'ai vraiment une super bande de potes... que de la très bonne came... sûr que tu ne connais pas beaucoup de mecs qui en ont autant... et pas des relations sociales, non, des vrais liens » – d'une oreille distraite. Roméo est rassuré : il vaut ce que vaut l'addition de ses potes. Et Pépita confirmée : son statut d'*adulé* lui importe plus que son statut d'*adoré*... Pour autant, Grand Corps Malade ne la dispense d'aucun détail : ses menus, son sommeil, sa cicatrice, ses piqûres, le retour à la selle donc le retour à la vie, le fion des infirmières et leur inventaire exhaustif, Grand Corps se redressant dès qu'une blouse blanche (sans rien en dessous... hihihiiii) se pointe. Elle n'évite pas non plus *ses* programmes télé, de choix certes, mais estivaux : le Tour de France, le *Big Deal*, *Caroline chérie*, etc. Sommée de s'intéresser à cette *fabuleuse* rétrospective consacrée à Armstrong, à ces trente-deux médicaments illicites auxquels il était autorisé après sa maladie, puis à son retour, renforcé par cette maladie... Comme Lui qui, maintenant, est décidé : il ne fera que ce qu'il veut (!). Ce qui ne vous tue pas vous rend plus fort, n'est-ce pas ? Pépita opine du chapeau, soucieuse de ne pas contrarier son bel opéré. Elle attend la suite...

La suite ne tarde pas à venir – quand on prend une telle décision, autant commencer immédiatement – et à apparaître sous la forme d'une requête charmante : il veut des *bonbecs* ! Bonbons acidulés, fraises Tagada (l'homme n'est pas mort, l'enfant non plus !) et Pépita est priée de lever son petit cul fissa pour descendre au distrib' d'en bas. Elle tente de l'en dissuader, pas bon après une appendicite *aiguë*, la traduction *en urgence* d'un petit bout de chair saturé et occis qui n'en peut plus... Mais rien n'y fait : Roméo veut son shoot. Elle s'exécute, en profite pour humer l'air du jour, l'air libre du jour...

Pépita exulte.

Elle ravale ses pensées attendries à la vue de son homme allongé, elle s'admire dans son rôle de *femme* aux petits soins, constate son peu d'utilité (sauf à remonter la petite serviette en éponge sous le croupion du jeune homme), mais surtout, elle aperçoit en filigrane une toute nouvelle Pépita : une Pépita libre.

Pour dix jours. Le temps de l'hospitalisation. Voire plus, si convalescence.

Or, c'est là que tout va se jouer.

Là qu'est la Fenêtre.

La fenêtre de liberté.

Ou ce qu'elle croit...

Là qu'elle va décider pour elle-même et par elle-même.

Elle doit déménager, elle va le faire, mais rapport aux circonstances, elle va le faire dans une direction opposée, un coup antidestin. Elle ne rejoint pas la maison familiale de Roméo mais celle de Bob, autrement dit de papa, histoire de mettre ses fesses au sec et d'y voir clair...

Argument invoqué : la maison n'est pas terminée.

Argument tu : la plaisanterie l'est.

Ou presque...

Le départ de la petite jupe en jean

A sa sortie de l'hôpital, Roméo rejoint SA maison familiale, tandis que Pépita, elle, a rejoint la sienne. Celle de sa famille d'*avant* et finalement de maintenant tant la nouvelle peinait à choisir entre l'hier et l'aujourd'hui, entre le tribal et le conjugal, entre le trois et… l'innombrable ! La famille à géométrie variable. Mais fortement dominée par des retours d'enfance…

C'est là que les choses vont se resserrer. Un cran de plus. Pépita a certes rejoint SA maison, mais elle reste cette intermittente du couple « Roro-Pépète » et tient à assumer son rôle d'« épouse » dévouée. A mi-temps. Ou dans les temps difficiles : quand un mec de quarante piges fait une crise d'appendicite à l'âge où d'aucuns développent leur premier cancer… Or, Roméo lui en laisse peu l'occasion. D'abord, il refuse la voiture de Pépita – « une voiture de pétasse ! » – trop petite pour transporter sa noble personne endolorie, puis il écarte celle de papa – « une voiture de riche ! » – très peu adaptée aux chemins de traverse du village, enfin il décide, sous l'œil éberlué de Pépita, de se glisser dans celle de sa sœur, lui tendant en sus « le paquet de linge sale » dont elle peut se charger ainsi que « la pile de livres » que tous ses amis lui ont apportés durant ce long séjour…

Ainsi Pépita se retrouve avec sa boule (de caleçons) et sa Mini Cooper à suivre le cul d'une Méhari safari (*tunée* façon camouflage !) qui transporte le corps de son homme tiraillé… Le jour d'après commence la navette entre les deux maisons, celle de Bob et celle de Roméo, autrement dit la navette entre ses deux vies : celle de Petite (avec enfant) et celle de Grande (avec un autre enfant). Or, depuis qu'elle a décidé non plus de vivre *cette vie* mais de la *regarder*, pour un temps qu'elle sait défini mais dont elle ignore la durée, elle excelle dans l'art de se bien comporter… Et pratique l'*hommage permanent*, ce qui plaît.

Le Roi de la jungle, rendu au béton armé de sa maison en construction, trône au milieu du futur salon, confortablement installé dans un large fauteuil Louis XV... et se contente de donner des ordres, à Gaga, aux hommes de chantier, à Pépita ou encore à Maria, la nounou, qui fait ici des heures sup' et cède en frétillant aux caprices de Grand Corps Malade... Des femmes comme on aimerait en (a)voir plus souvent... Or, précisément, Pépita fait *tout bien*. Y compris se farcir l'énumération de la liste de tous ses amis qui l'ont appelé hier ou aujourd'hui, elle applaudissant à quatre mains devant tant de sollicitations. A quatre mains et en silence. Une conversation se résume pour Roméo à une bouche et une oreille mises ensemble, lui-même se réservant la première : « Je parle et tu écoutes donc nous sommes », aurait dit Roland Barthes, en expert du discours amoureux.

Pourtant Pépita, soucieuse de lui montrer l'intérêt qu'elle porte à ses charmantes anecdotes (et à ses copains), réagit soudain à un nom, le nom d'un de ses amis, jeune papa lui aussi, et lui demande de ses nouvelles... Et là... et là... pour une raison qu'elle ignore encore, il détourne le regard de son nombril, la foudroie d'un œil noir et lui lance : « Quoi, Polo ? Quoi son fils ? J' t'en pose, moi, des questions ?! C'est fou ça ! Une vraie pipelette... Tu sais bien, moi, j' pose pas de questions... »

Pépita qui se taisait depuis vingt bonnes minutes et de nombreux mois, se lève. Se lève lentement. Se lève en prenant soin de défroisser sa petite jupe en jean, se lève en lui plantant ses semelles de bimbo *compensée* sous le nez... Et, pour une fois, une seule fois, lui répond :

– En dessous de ce niveau de conversation, je ne vois qu'une option : le silence... En dessous de dire Rien, il y a ne *rien* dire...

Elle reprend son souffle et s'entend annoncer :

– Ne rien dire et... se tirer !

La petite jupe en jean tourne les talons et c'est ainsi que Pépita, ce jour-là, sur cette phrase-là, s'éjecte en quelque dix secondes (et plusieurs années de réflexion !) de sa position d'adoratrice couchée.

Sans savoir, à cet instant, que c'est pour toujours.

Roméo, lui, sait.

C'est là qu'il est devenu intelligent.

Et que, dix jours plus tard, il lui propose quelque chose...

La rupture

Dix jours plus tard, après un silence complet de part et d'autre, Roméo téléphone. Un coup de tonnerre dans le ciel parfaitement dégagé de Pépita. Tant la belle a effacé l'épisode précédent et ses conséquences. Voire, tous les épisodes précédents. Roméo y compris. Elle compte, quand sa tête recouvre la mémoire, sur une résolution magique de la situation. Laquelle, elle ne sait pas...

En revanche, elle sait ce qu'elle ne veut plus : ce Roméo qui l'écrase de tout son poids et de toute sa mâle attitude qui la rend triste. Au fond. Des axes différents et une façon surtout. Un *à-côté* permanent, des à-côtés aussi...

Surtout, ce qu'elle ne veut pas, c'est répéter un enfer familial trop bien connu, une partie de ping-pong permanente entre papa et maman. Les vocalises de maman et les glaçons de papa ont fait d'elle une enfant dubitative, quant aux vertus du couple. Le père de Pépita a fini par compenser avec un animal à quatre pattes, baptisé La Redoute, qu'il s'amuse à appeler en hurlant « La Redoute, La Redoute ! » quand se pointe sa femme, afin de faire passer un message. Par correspondance...

Un chien, donc. Et un splendide terrain, et une superbe maison qui sent bon le « glaçon »... Ou le sapin, tant il est étonnant de voir à quel point l'homme, qui n'est plus aux affaires, ornemente et bichonne chaque jour un peu plus ce qui devient, au même rythme, son mausolée... Car une maison *sans amour* est une maison *sans vie*, n'est-ce pas ?

Pépita ne veut pas ça et elle veut encore moins ça pour son enfant. Non, elle veut offrir à son enfant une maman jeune (à peu près) et gaie, et vive et *enchantée*, qui l'entraînera sur son balai magique à travers le monde, les nuages, la vie...

Y a du boulot ! Et des choses à régler. Avec sa vie de Grande d'abord. Avec sa vie de Petite, ensuite...

Du boulot donc.

Roméo va lui faciliter la tâche : il l'appelle.

– Bichon ? Houhou, c'est moi, t'es *palaf* ?

Pépita se choppe le message, constate qu'il l'appelle « bichon » comme à son habitude, preuve qu'il a « rompu » depuis longtemps ou que ses mots d'amour sont devenus des automatismes de langage. Ou, pire encore, qu'il ne l'a pas vue. Parce que, franchement, Pépita, vous la voyez, vous, avec une tête de bichon ? NON ? NON ! Donc bichon se prend le début du message puis la suite :

– Je t'appelle... parce que faut qu'on parle... Je pars après-demain, ça serait bien qu'on parle... Faudrait qu'on se voit une heure, une heure ça suffit, quand tu veux, bichon, quand ça te dérange pas... Pas demain matin, j'ai rendez-vous avec les mecs du chantier pour la maison, mais après, dans l'après-midi, avant que j'aille nettoyer le bateau... Je le prête à des potes pendant que je m'en vais... Voilà, bichon, rappelle-moi !

Aucune allusion aux dix jours de silence, ni même à ce qui les lie, l'Enfant, juste une requête toute simple. Et inattendue : une heure. Pour parler. Avant qu'il parte en vacances. En clair, ça sent le ticket de sortie... Pépita, là, est divisée. Entre la gravité de la situation (une rupture) pour toujours (un impossible à conceptualiser) et des conséquences qu'elle imagine de toutes les couleurs passant par un arc-en-ciel d'émotions digne d'un lendemain d'orage d'été. Car oui, nous sommes en été et finalement l'été s'annonce *hot*, comme tous les étés à Saint-Tropez et comme tous les étés de Pépita, et cette pensée de notre futile donzelle l'emporte, l'emporte sur l'instant et dans l'instantané de ce rendez-vous qu'elle s'imagine comme un rendez-vous de dentiste : un mauvais moment à passer...

Pourtant, entre ce coup de fil et les quelques heures qui la séparent de ce rendez-vous, elle réfléchit. Elle pense. Et, plus elle pense, plus elle pense tendrement, plus elle se calme, plus elle se dit que, finalement, avec un peu d'intelligence, un peu de générosité, ça aurait pu marcher... Elle y pense avec toute la compréhension *après coup* d'une situation qui ne la rendait pas heureuse. Elle y pense autrement. Elle y pense comme Il *est*. Et elle aimerait, espérerait, de sa part, une même avancée, un pas vers elle...

Qui ne viendra pas.

Non, ce qui viendra, le lendemain, c'est un splendide gaillard avec un gros cigare, un 501 qui bredouille, une chemise à rayures bleues ouverte sur un poitrail imberbe, des Tod's découpées sur un talon massif, une démarche dansante et oursonne, un air fourbe et décidé à régler le problème à grands coups de *bichon.* Car Roméo arrive emprunté mais surtout dans l'attente, avant son départ en vacances, du fameux ticket de sortie que doit valider Pépita. Cette même Pépita qui, quelques semaines plus tôt, avait caressé l'idée d'un *break* mais qui, au dernier moment, avait perdu les couilles. Selon l'expression de Roméo. Roméo, lui, ne les perdra pas tant il est vrai qu'on ne peut perdre que ce qu'on a... Et, sur ce point, il en a cruellement manqué. Il a attendu et profité d'une occasion servie sur un plateau. Elle ne lui en veut pas, elle a fait la même chose. Elle a attendu qu'il décide.

Comme un homme.

A elle la vie !

L'été retrouvé, presque : rosé, bébé et... papé !

Pépita a réglé sa vie de Grande, pour un temps qu'elle sait défini (les vacances) mais dont elle ignore la durée. Première étape : ce « break-été-rupture douce » demandé par Roméo, et accepté par Pépita. Cette rupture *en gros* et sur le fond, pas réglée dans la forme. Mais la forme n'est pas leur truc, ils font à l'instinct et dans l'instant. Donc, face à un ras-le-bol, ils agissent ; en l'occurrence il a agi, elle a suivi.

L'été est là, le bébé aussi, le fiancé pas : parti pour un jour ou pour toujours, sachant qu'un « toujours » est plusieurs jours qui s'additionnent. Pépita prend ça comme ça, un provisoire, un provisoire à voir et à revoir... Elle ne sait pas, ses pensées vont décider pour elle, elle sait juste qu'elle va se laisser traverser par des sentiments desquels émergera, espère-t-elle, une vérité.

Pour le moment, la vérité, c'est qu'elle a l'été pour elle. Pour elle et son bikini, sa plage, ses copines, ses piqueniques en bateau, ses soirées entre amis, ses livres lus à l'ombre des grands pins, son hamac en travers, ses cours de gym, ses siestes langoureuses, sa vie retrouvée...

Moules marinières à la plage. Menus légers et conversations denses. La vie comme elle va, l'enfant qui s'endort dans ses bras sur le matelas, elle qui scrute l'horizon, l'horizon dégagé. Sa ligne de désir...

Pépita est du genre à quitter la proie pour l'ombre. Surtout quand l'ombre se découpe à plus de trente-cinq degrés, en plein été, saison où cette cigale pense qu'elle va danser toute l'année...

Or, il est un détail qu'elle néglige, un autre *gros* détail, un détail chez qui elle vit : papa, devenu *papé* par l'opération magique de sa fille mettant bas, lui-même ayant joyeusement découpé (c'est de famille !) la photo : autrement dit, Roméo. Et se frottant les mains devant ces deux donzelles retrouvées, rentrées au bercail, ces brebis égarées, qu'il va falloir cadrer !

Un homme ça fait la Loi, n'est-ce pas ?

C'est là que ça va se compliquer, un brin plus.

Papé a le pétard en main et il entend bien décourager les manants qui viendraient à tourner autour de son magot, son précieux magot, « ses deux filles », comme il les appelle : Pépita étant mystérieusement devenue la sœur de sa fille ! Et surtout la fille de son père, comme en ses plus belles années, celles où elle devait faire le mur pour sortir...

Une fois de plus, une fois encore, une dernière fois, Pépita va devoir se réveiller... Elle le fera à l'occasion d'un déjeuner, un déjeuner charmant qui a failli se régler à la Don Corleone, moment béni où elle retrouve et un homme et une silhouette et se prépare à un tête-à-tête délicieux avec des *yeux bleus* : Manolo tourne toujours autour du magot, mais a rangé son portable...

Or, c'est au moment où Pépita explique aux yeux bleus sa vie de Grande par elle-même, sa vie de Grande prise en main, sa vie de Grande à inventer, qu'elle aperçoit un homme planqué derrière des lunettes noires, corps enfoncé dans une Berlingo (la voiture du gardien) et qui n'est autre que son père !

Son père en planque.

Son père planqué.

Son père qui vient contredire Tout ce qu'elle vient de dire.

La honte !

Elle ne dit rien au début, se contentant de picorer un tartare de poulpe, qui risque de tourner par ce bel été...

Elle ne dit rien mais s'attend au pire.

Il vient !

Au sortir du restaurant, « Z'yeux bleus » se rapproche de Pépita, convaincu d'avoir vaincu, séduit aussi, rosé aidant, Sud décuplant, bref la situation se *décontractait*... C'est à ce moment-là que l'homme en noir sort d'un bond de son carrosse. Il trace activement en direction de l'homme en Tongs (entre-temps, Manolo a rangé ses Tod's) et lui lance, nez à nez : « Vous êtes en train de briser une famille ! »

Laquelle ?

C'est ce qui reste à savoir.

L'Invention de la vie...

Pépita boucle ses valises et rejoint le Nord, elle se trouve une crèche de cinquante mètres carrés, la liberté enfin !

Deux hommes en moins.

De nombreuses toiles en plus...

Car oui, Pépita n'a pas perdu son temps entre-temps. Entre le hamac et le rosé, entre le bébé et le papé, elle a peint. Peint enfin. Peint, *pour de vrai*. Peint au cœur d'un enfermement charmant mais qui venait remplacer un autre enfermement, le sien au fond. Une femme à hommes. Mais *à père* surtout et *à fils*... Roméo étant lui-même fortement imprégné de *maman*. Et de sa personnalité. Une sauvageonne aux cheveux d'or et aux pieds nus qui lui avait appris LA NATURE. Et avait fait la sienne.

Deux enfants, donc.

Sauvages, chacun dans leur genre.

Mais Pépita est maintenant à la tête de sa vie. Et de son bébé et de ses toiles, ses créations les plus belles. Et c'est en se baladant en taxi, guettant les toits de Paris, qu'elle vise, un jour, la pancarte : deux pièces à louer. Vue dégagée. C'est là-dessus qu'elle signe. Elle sait qu'elle et son chevalet ne sauront, le nez à la fenêtre, s'ils ont cinquante mètres carrés derrière eux ou... deux cents ! L'horizon dégagé. Une économie du passé et de toutes ces valises, lourdes à porter. C'est ainsi que Pépita plante sa tente et sa vie et sa fille au milieu d'une place dans le sixième arrondissement, les couilles du Centaure en ligne de mire... C'est aussi là qu'elle ré-a-li-se soit, vend ses toiles. Et plus encore, réalise que pour faire ce qu'elle veut, elle doit s'en donner les moyens, c'est-à-dire : les avoir ! D'où les cinquante mètres carrés, une liberté contrôlée.

Par elle. Pour la première fois.

Pépètes...

Car Pépita, côté blé, a été mal habituée. Elevée à l'ancienne, elle a vu un papa faire vivre sa famille sans que la question des additions séparées ne se soit jamais posée. Il y avait eu, bien sûr, des hauts et des bas, des cris et des larmes, mais jamais l'argent n'avait été un sujet de discorde. J'entends sur le point de savoir : qui paie ? C'était papa. C'est-à-dire l'homme. Pas moderne certes, pas féministe non plus, pas égalitaire, mais tellement plus confortable. Et surtout, quel plaisir de claquer l'argent d'un homme qu'on aime.

Pour Pépita, c'était même une preuve d'amour.

Enfin, très tôt conditionnée par les propos paternels : « Un homme, c'est quelqu'un qui doit te dominer intellectuellement, sexuellement et... financièrement », elle avait pris ça pour argent comptant. Ça l'arrangeait. Toutes ses fantaisies, les chemins où sa curiosité la menait étaient validés par son appétit, aucunement par la Nécessité. Le mâle dominait. Et assurait ! Elle était programmée. Amoureusement. Elle aimait un Idéal. Qui répondait à celui de son père. Roméo donc, le chemin de l'émancipation, soi-disant. Une cooptation presque. Un entre-soi. Une endogamie programmée. Voyez le destin ?

Tragique.

Anti-Destin

Pépita va jouer son premier *vrai* coup anti-destin. Elle va ne pas être *sa mère*. Une artiste contrariée, elle va être une artiste vraiment. De la vie. Qui accessoirement vit de ses toiles, modestement. Modestement mais dans le sixième. Dans une boîte à chaussures, très gaie. Poétique. Faisant remonter le Sud vers le Nord. Des stores blanc cassé, sur lesquels elle peint le nom d'une plage adorée : la plage des Jumeaux.

La plage de sa grossesse, et de son bikini. La plage des premiers bains de son bébé. La plage de Roméo et Pépita, jumeaux au fond. Semblables, plus qu'ils ne le pensent... Lui sur la Butte-aux-Cailles, elle sur la Place. Lui, ses boubous (bourgeois-bourrés), elle, ses bobos (bourgeois-bohèmes), mais des aires de jeux qui se ressemblent au fond... Mais Pépita, pour le moment, n'en est pas à revenir *apaisée* sur le passé mais à construire, énervée, l'avenir. Avec ses toiles, son moyen. Et son enfant, sa raison. Sa liberté, surtout. Son affranchissement, disons. L'enfant a pris la place de l'enfant, non ?! La sienne, donc... Et elle découvre une vie de Grande toute seule dans un Paris qu'elle ne connaît pas. Un Paris de jardins d'enfants, de guignols, de crêpes à la buvette des marionnettes, de squares et de vergers, d'art contemporain à la portée des plus petits, bref elle se régale... Et Lulu avec. Elle organise, invente une vie sur l'instant et *pour toujours*, le toujours étant maintenant intégré.

Le Père en moins, le sien et celui de son enfant, pour le moment...

En moins, mais dans la tête. Ce Roméo devenu *un ailleurs*, un ailleurs dont elle parle à sa fille, ce père dans la bouche de la mère...

Enfin !

NI AVEC TOI NI SANS TOI

Sucré-salé

Les joies du gynécée...

Pépita a donc Roméo dans la bouche. Et je dirais même plus : elle en a... plein la bouche ! Elle en parle. Et pas qu'un peu... D'abord, il est redevenu (dans sa tête) cet aventurier qu'elle admirait. Ensuite, elle découvre à travers les confidences de ses copines de bac à sable, qu'elles aussi, ont vécu de drôles de trucs... Enfin, elle fait rire, narrant par le menu les moments les plus incongrus de leur relation. Qui, du coup, lui apparaissent sous un jour nouveau. D'où ce constat : même dans la « *cata* », Roméo n'en a jamais perdu ce qui a séduit Pépita : sa profonde originalité. Son cas est un cas. N'est-ce pas ? D'où une tendresse retrouvée. Et allégée. Il est à nouveau cet *autre pensé*, pensé pas tout le temps mais pensé souvent, avec lequel il fait bon ne pas vivre.

En outre, il lui est d'une *très grande utilité*. A savoir, et sans que lui-même le sache : elle l'évoque à tout bout de champ pour tenir à distance les amants par trop entreprenants. Il est ce Concept (!) respecté : « Le Père de ma fille. » Craint ? L'amant a vite fait de filer quand sa venue est annoncée... Il est ce joker indépassable, carte maîtresse de son nouveau jeu amoureux. Car *la petite*, devenue Grande, a envie de faire mumuse. Pas question de se faire coller la *couenne*. Encore moins de se « nounoyer » (n'est-ce pas, Philou ?), son auteur préféré (Sollers) l'ayant une fois de plus éclairée sur le risque fondamental du « nous-nous » à savoir le nounoyement, la noyade pour le dire vraiment. Soit ce subtil passage entre l'Amour, ce *précipité* de bonheur, et le Couple, ce précipité tout court. Dans lequel on se précipite jusqu'à se fondre, se confondre, devenir Rien. Une spécialité féminine !

Pépita, elle, ne l'entend plus comme ça, elle veut EXISTER. Elle n'a pas peur des mots, vous le saviez. En outre, les joies du gynécée – une vie entre femmes (presque) – la ravissent. Elle découvre l'entraide, la complicité, la liberté. Elle découvre l'échange. De bons procédés : je te garde ta fille ce soir et toi, lundi prochain. Et l'échange d'impressions. De ratage ou d'invention. L'histoire se lit en fonction de l'humeur. N'est-ce pas ? Elle découvre surtout de nouveaux programmes. Dont certains la font tiquer. Exemple : le Polo de Bagatelle où elle se retrouve avec une brochette de pimbêches qui circulent portable à la main, l'enfant au loin. Mais dont d'autres l'enchantent : aller au palais de Tokyo faire découvrir les installations aux enfants déchaînés, dans un espace libre. Les regarder s'extasier devant l'extincteur et ignorer les sculptures de Louise Bourgeois... Pique-niquer en forêt de Fontainebleau, chacune y allant de sa tarte ou de son poulet rôti. Grimper sur les rochers. Faire une virée aux Puces et boire un coup de rouge au bistrot tandis que les enfants se tapent un hot-dog. Filer trois jours à Ibiza et surveiller, *topless*, sa progéniture en bordure d'eau, en évitant scrupuleusement les appels affolés de son banquier. S'offrir un tour de Grande Roue, prendre de la hauteur et regarder cette vie qui se déploie...

Et se partage. Entre copines. Les unes mariées, les autres pas. Les unes heureuses, les autres pas, les unes seules, à deux, les autres seules, joyeuses... ou tristes, toutes se rejoignant à cette croisée du chemin : femme et mère. A savoir : le brushing et le biberon. Disons en général, car il y a l'alternative : biberon et pot de Nutella. Quand la femme a chuté dans la mère. Exemple.

L'île de Ré ou le « Titanic » version filles...

Pépita a fait sa révolution. Et, pour l'asseoir définitivement, décide d'ignorer Saint-Tropez. Elle se *précipite* à l'île de Ré, invitée par ses nouvelles copines. Rencontrées autour du Bac à Sable. Hypermotivée, consciente d'accéder à ce nouvel îlot, ces vacances pour intellos. Na ! D'autant qu'elle est super renseignée, Lacan avait une maison à Loix (pour un colin froid, ça vaut son pesant de cacahouètes) et Sollers en a une à Ars, ce qui l'élève définitivement. Elle, j'entends.

L'Atlantique donc et ses longues plages de sable gris, ses ciels qu'elle devine mélancoliques, ses pêches aux crabes et ses bottes en caoutchouc. Car sa copine l'a prévenue : « Tu verras, on ira à la pêche aux écrevisses, les enfants adorent ça. » Soit. Elle est dans un programme « mère-enfant », qu'elle se réjouit de partager, mais embarque une nounou afin que le programme se décline sous d'autres perspectives. Plus libres, disons.

Harnachée de bottes en plastique et flanquée de sa petite jupe en jean, elle débarque à La Rochelle. La ville de Ségolène. Là, elle le sent, elle franchit un cap : *exit* la France sarkozyste, la France qui *jouit* ; bonjour la France qui pense ! Son amie l'attend à la gare, le van familial les accueille, elle et sa Lulu, tout va bien... Un pont merveilleux, une route entre ciel et terre. Elle se retrouve en Louisiane, sur le lac Pontchartrain, traversé par « le plus long pont du monde » qui donne cette impression étrange, à un moment donné, d'être totalement détachée. Entre ciel et terre. Le pont faisant trente-cinq kilomètres, inutile de vous dire qu'en milieu de parcours, il n'y a aucune terre à l'horizon. Ni devant. Ni derrière. D'où cet effet de suspension, au-dessus de l'eau. Ici, l'impression sera plus furtive mais, vous connaissez Pépita, elle a vite fait de *partir*.

S'envoler, si vous préférez.

La maison de Blanche, l'amie, se découpe au loin : une belle bâtisse, un brin lézardée mais un charme fou... Pépita se frotte les mains, elle retrouve ce caractère discret d'une bourgeoisie qui a connu des heures fastes mais qui, désargentée, vit sur les vestiges du passé. Une maison pleine de souvenirs. Entourée d'un champ de pâquerettes. Une maison sous le soleil, en bordure d'océan. Des enfants jouent devant, ceux de ses amies... Le rêve, un instant. Car très vite, le rêve va se tordre. Elle et Lulu sont invitées à rejoindre leurs appartements, une aile de la maison. L'aile de l'arrière-grand-mère. Une maison familiale vraiment. Avec souvenirs et *senteurs*, parfum d'une infinie vieillesse qui se lit dans les serviettes de toilette. Et dans le lit, épuisé. Et dans la douche, jaunie. Et dans la bouilloire, pleine de blattes. « Nous sommes à la campagne », avertit Blanche. Son amie, sa nouvelle amie, qui ignore sans doute que la charmante a la fesse délicate et que l'essuyer avec une serviette qui a des siècles risque de lui coller une urticaire géante. « C'est bobo ici, tu sais, tout est usé... » Pépita ne dit rien, elle est invitée. Donc honorée. Lulu n'a rien vu, elle est déjà dans le champ de pâquerettes, la troupe se prépare à aller louer des vélos. Ne pas gâcher l'ambiance encore. Une nuit passe, secouée par les fantômes de ce *paradis familial*, mais Pépita, bravache, décide de confirmer son programme. Elle a des bouffées nostalgiques. Sa maison familiale. Propre et entretenue. Mais elle pense à celle de sa marraine, bordélique et vivante. Donc elle poursuit le programme. Qui démarre par les courses à Casino ce matin. Et la fait se retrouver à pousser un Caddie à quatre : l'amie de l'amie et son fils, elle et Lulu.

« Un coup de sape à l'Idéal ! », aurait dit Constance Debré.

L'amie de l'amie, qui se plaint de problèmes de poids, bourre le Caddie de pots de Nutella. Et de lait Candia. Le programme est annoncé. Et confirmé. Ça va pas rigoler. Les courses, plus la bouffe. Une famille Ricoré, un gynécée contrarié. Des femmes collées aux enfants, des femmes qui dressent la table, trois fois par jour, réfléchissent au menu, tapent dans le pot de Nutella, entre deux. Une nounou inutile, on va se bouffer le programme jusqu'au bout. Pas de dîner entre nous. Pas de virée aux Portes, là où *ça se passe*, un suicide collectif à Saint-Martin. Avec piste cyclable à huîtres variables... Soit des vacances à bicyclette, avec des étapes huîtres en passant, en passant et en croisant des familles béates d'avoir entassé leurs enfants dans des miniremorques en toile et à ras du sol, les parents qui pédalent vivement, et les enfants qui s'endorment, sous le soleil de Ré exactement, ce soleil doux et brumeux, ce soleil que Pépita ne lâche pas. Quoi qu'il arrive.

*
* *

Sa vie au tel avec maman

– Alors, ma chérie, ces vacances ?

– Hyperbien, le rêve pour un enfant !

– Oui, le climat est très bon... pas trop froid, quand même ?

– Du tout, on va à la plage tous les jours, on fait du vélo, ça, c'est vraiment top, on met les enfants sur le siège arrière, et on se balade... Toute l'île est cyclable, donc on se fait de belles virées...

– Tant mieux, suis contente, moi je commence à me barber ici... Vrai qu'entre le golf de ton père et la plage, je m'ennuie...

– Ah ?

– Oui, je rêve du Louvre, un truc comme ça, un peu de culture...

– Justement ici, c'est genre *cultivé*. Le climat est serein, ça permet de lire...

– Avez le temps, avec les enfants ?

– Euh, on se débrouille... on se relaie, les courses, la

bouffe, la sieste... et puis on va à la pêche... enfin, *elles* vont à la pêche...

– Vous sortez, j'espère !

– Ouais, on est allées à la fête foraine de Saint-Martin...

– C'était comment ?

– Des manèges, des enfants, des barbes à papa... Les enfants étaient heureux...

– Suis contente, bien que tu aies de bonnes copines... Moi, tu sais, comme j'étais mariée, j'étais moins sollicitée... Les gens pensaient que je faisais les choses avec mon mari, tu parles ! T'ai élevée seule, mais j'avais pas ta liberté, alors je te confiais à mes parents de temps en temps, l'après-midi...

– Et tu faisais quoi ?

– Je chantais, je donnais des cours, mais ça a été de plus en plus dur, en ai eu marre d'être seule avec un élève...

– Pour ça que t'as arrêté...

– Sans doute, pour ça ou autre chose : tu sais, soit on a un grand destin et il s'impose, soit on en a un petit et on le subit...

– Petit véhicule, grand véhicule, comme ça qu'ils disent, les bouddhistes...

– Ah ?

– Soit le cheval de feu, soit le cheval de trait... Mais ce qu'ils disent aussi, les bouddhistes, c'est qu'on est responsable. De ses choix. Et de l'énergie qu'on met (ou pas) à *élever* sa vie...

– Fais attention ma chérie, à trop *en vouloir*, voudrais pas que tu t'épuises...

– M'épuise pas, maman, je cherche, c'est tout...

– Tout le monde n'est pas Picasso...

– C'est-à-dire ?

– Tu sais pas ?! M'étonne... Eh bien, Picasso disait : « Je ne cherche pas, je trouve ! »...

– T'en sais des choses...

– Plus que tu ne l'imagines... Alors cherche, ma chérie, ça qui est important : le chemin plus que la destination.

Une vie en exercice, au fond. Le reste est mortel. Et surtout n'oublie pas : il n'y a qu'un tour de manège…

Les surprises du second marché : mieux que le « speed dating », le bac à sable !

Etape incontournable du chemin de Pépita : le Bac à Sable. Ou si vous préférez les parcs et jardins dont la vie tourne autour de ce point central. Plus ou moins « ragoûtant ». Fréquenté par les enfants et les pigeons et surveillé d'un œil tantôt distrait, tantôt vigilant par les parents. Je dis tantôt distrait car les parents surveillent autant les (autres) parents que leurs propres enfants.

D'abord parce qu'ils les *copient* et prennent exemple sur la manière dont les plus expérimentés s'y collent. Jouent-ils dans le sable avec l'enfant ou le laissent-ils se frotter naturellement à cette première étape de la socialisation ? Au risque que l'enfant se prenne un coup de seau et qu'il rétorque par un coup de pelle… Prévoient-ils un goûter individuel ou un paquet de gâteaux pour tous ? Ont-ils pensé à la couche en cas de fuite ou filent-ils fissa à la maison changer leur rejeton ? Emportent-ils l'équipement complet (vélo, trottinette, râteau, arrosoir) « étiqueté » au nom de l'enfant ou comptent-ils sur un aimable partage entre *gnomes* ? Rentrent-ils à une heure raisonnable ou laissent-ils ce dernier soleil courir dans la chevelure de l'enfant et dans celle de la maman ? Bref, beaucoup apprennent à être parents en regardant les *autres* parents. Ou les nounous. Ces dernières ayant plus certainement les bons réflexes (et les bonnes places, sur les bancs !), habituées qu'elles sont à « gérer » l'enfant, tout en retrouvant leurs copines. Car le bac à sable n'est pas seulement un bac à sable, il est également un haut lieu de socialisation. Pour tous. Et de Rencontre, pour certains. Il offre la possibilité de vérifier chaque jour, l'efficace du « tiers promené » : le chien ou l'enfant ! Et d'explorer, sous de bons prétextes, les joies du *second marché*... Celui, en pleine expansion, de quadras fraîchement divorcés.

D'où cet *autre* regard, porté par les parents sur les *autres* parents, non plus pour les copier mais pour les... connaître. Echanger des impressions. Ou des numéros de tél. Et partager un *nuggets* de poulet avec un inconnu, un soir de grande solitude.

Car quoi de plus pathétique, au fond, qu'un père seul en train de dîner en tête à tête avec un enfant de trois ans ? Oui, quoi de plus pathétique ? Une mère, peut-être... c'est-à-dire une femme gaie mais pas homo qui découvre les délices de la famille monoparentale... Mais il ne faut pas le dire. La liberté a un prix, celui de se taire.

C'est ainsi que Pépita est tombée sur « Le Costume ». Un homme en costume. Jambes croisées sur un banc. Son fils devant... L'homme se lève pour l'aider à enfourcher son vélo ou pour grimper sur le toboggan. Un homme en costume, qui tapote la pointe de ses chaussures noires contre le bac à sable. Pour les désensabler. Un homme portable dans une main, goûter de l'autre. Un homme qu'elle voit une fois, puis deux, puis trois... puis tous les jours.

Matin et après-midi, en costume.

Un homme d'affaires qui prend le temps, ou qui l'a, et qui « gère » ses affaires depuis le bac à sable. Un homme qui *fait tout* calmement là où, parfois, les mamans s'énervent... Un idéal, presque. Une énigme à tout le moins, que Pépita laisse s'approcher un jour où elle est sans goûter...

Pierre et le « loup » !

– Bonjour, je m'appelle Pierre... Il vous manque quelque chose ?

– Oui, j'ai oublié le goûter de ma fille...

– Tenez, servez-vous... Petit Ecolier ? Barquette 3 Chatons ? BN ?...

– Ben, euh, tiens là des Mikado... Parfait ! Dites-moi, vous êtes équipé...

– C'est un métier !

– Ah, vous faites dans le biscuit ?

– Non, je suis père au foyer !

– Vraiment ?

– Euh, oui, j'étais pompier... je suis devenu père au foyer !

Pépita se retient, un régal encore pour les colins froids.

– Depuis longtemps ?

– Trois ans déjà. Ma femme travaille dans l'édition, elle voulait pas lâcher son job... et moi, je ne voulais pas rater ces moments-là...

– Ces « momans » ?

– Non, ces moments... Du reste, je ne rate pas non plus les autres : fou le nombre de femmes mariées qui sont seules et... désemparées ! Sans parler des autres...

– Vous ennuyez pas, donc ?

– Aucunement, d'autant que je fais des castings...

– Ah ?

– Ouais, les gens m'appellent pour de la figuration ou des photos... Paraît que j'ai le look homme d'affaires...

– Et le costume !

– Ben, ouais, toujours prêt ! D'ailleurs, si ça vous dit, je peux vous *pistonner*, ils cherchent *de* la jeune maman...

– C'est gentil, j' vais y réfléchir... Depuis le temps que ma mère veut me voir dans le journal, c'est peut-être l'occasion...

Tempête sous un crâne :
un homme, ça sert à quoi ?
– brainstorming –

*

* *

Sa vie au tel avec Yolanda

– Allô, Yolanda ? Avez perdu la boule ou quoi ?!

– Pas que je sache... Elle est devant moi !

– Feriez bien de la nettoyer, alors...

– Pourquoi ?

– Parce que « votre pompier », pouvez vous le garder !

– Quel pompier ?!

– M'aviez annoncé un pompier... Il est venu dans *mon jeu*, comme vous diriez...

– Voyez !

– Sauf qu'il n'est plus pompier, mais père au foyer ! En clair : il est passé d'un foyer à un autre...

– Moderne !

– Non, lacanien...

– Amusant, mais j' vois pas où est le problème...

– Le problème, c'est qu'entre la grande lance et la purée de carottes, y a un monde... Le problème, c'est que le mec hante les bacs à sable et profite des maris absents pour brancher les mamans. Le problème, c'est que c'est un leurre : il fait croire qu'il est dans les affaires alors qu'il est dans la merde !

– Mais encore ?

– Ben, il fait des castings pour arrondir ses fins de mois et redorer son ego qui a l'air d'en prendre un méchant coup entre le biberon et la maman dans l'édition...

– Vous êtes sévère...

– Non, lucide !

– Comment ça, il *fait* croire ?

– Ben, ouais, il se trimballe en costume et chaussures *brillantes* en prenant des airs affairés autour du bac à sable...

– Ça serait pas plutôt vous qui avez *cru* que lui qui *a fait croire*...

– Allez pas recommencer à m'analyser !

– Non, mais faudrait pas prendre des vessies pour des lanternes... et me le reprocher ensuite ! D'autant qu'il me semble que vous vous portez très bien sans homme...

– Mais je suis pas sans homme !

– Sans liaison stable, j'entends...

– Mais j'ai une liaison stable.

– Oui, le père de votre fille !

– Non !!!

– Un amant régulier ?

– On peut dire ça...

– Dans votre lit OK, mais pas DANS votre vie.

– « DANS » pour quoi faire ?!

– Sais pas moi, changer une ampoule !

– La belle affaire...

– Dîner en tête à tête...

– Préfère faire l'amour. D'ailleurs, c'est le monde à l'envers : je dîne pour pouvoir baiser... Le romantisme a changé de camp...

– Répondre à vos questions... calmer vos angoisses...

– Vous délirez, Yolanda, ce qui m'angoisse, c'est l'Autre !

– Bon ben, disons pour AIMER, être amoureuse, votre sport favori, n'est-ce pas ?

– Vu comme ça...

– Alors, patience... Me suis peut-être gourée avec le pompier, mais je ne devais pas être très loin...

*
* *

Sa vie au tel avec Tabasco

– Alors, ma toute belle, quoi de neuf ?
– Je m'éclate !
– Pas trop, j'espère, entière tu n'es pas mal...
– C'est gentil. Non, je voulais dire que je découvre UNE vie, une nouvelle vie, un nouveau Paris...
– Pari ?
– Non, Paris. Pas tant que ma vie ait changé mais elle s'est *ouverte* : je découvre un autre Paris, d'autres lieux, d'autres gens, d'autres rapports aussi...
– Ah ?
– Oui, ben, par exemple, tu sais bien, j'étais pas très « nana », pas très dîners de nanas. Je trouvais ça sinistre, il me fallait un homme tout le temps. Eh ben, là, je découvre le bonheur de partager ce que je vis avec des filles, des femmes, des mères... Et on s'éclate !
– C'est-à-dire ?
– C'est-à-dire qu'on fait *tout* avec notre bébé !
– Mais encore ?
– Eh ben, aujourd'hui, les gens veulent du *full package.* Le tout en un. Pas que Roméo qui aime ça... Donc, dans les grosses boîtes, y a des garderies. Et dans les boîtes de nuit, des « Baby Loves Disco » sont organisées pour que les parents s'y rendent... avec leurs enfants !
– Tu déconnes ?
– Non, pourquoi ?
– Pas sûr que ça soit le lieu pour un enfant...
– Te rassure, on va aussi à Versailles, au Hameau de la Reine, voir les animaux ou faire de la barque...

– Je préfère !

– Comment ça, tu préfères ? T'es réac ou quoi ? Les temps ont changé. Y a eu l'époque où les parents vivaient leur vie en laissant les enfants aux nounous, y a eu l'époque où ils ne la vivaient pas en vivant celle de leur enfant, et il y a maintenant l'époque où on vit tous la même vie ! Pas de séparation, pas de contrainte. D'ailleurs les enfants réagissent très bien : le week-end dernier, j'ai emmené ma fille à Nicky Beach pour la fête du chameau...

– La fête de la chamelle tu veux dire, avec des *chaudasses méga !*

– Tu vois le mal partout !

– Tiens, le mâle, justement, parlons-en !

– Rien à dire.

– M'étonne...

– Non, franchement, vois pas à quoi ça *sert*... Je fais *tout pareil* avec mes copines. La bouffe du soir en moins, ce qui me détend : quand Lulu dort j'ai un temps pour moi, je lis, je dessine...

– Pas sûr que le pinceau te suffise longtemps...

– Tu sais maintenant, avec les *sex toys*, on fait des miracles...

– Pas ton genre !

– C'est vrai... Mais franchement, je me questionne. J'adore cette vie libre, inventée sur l'instant, vrai qu'il y a des moments de solitude... Mais aujourd'hui, ils ne me pèsent pas assez pour engager quelque chose... Un homme ça *sert* à quoi au fond ?

– C'est LA question, ma chérie... Un homme, ça ordonne.

– Quoi ?

– Ton excès, tes excès... Ça organise une vie, c'est un pôle, un pic, une limite... Un repère...

– Arrête avec cette histoire de *re*-père ! Mon repère, c'est mon boulot, ma vie, ma fille, une vie à élever...

– Précisément, l'amour transcende !

– T'as fumé ou quoi ?! Des années que tu me bassines avec La Phrase de ton fameux Jacques (Lacan) : « Il n'y a pas de rapport sexuel », et maintenant, tu me chantes les mérites du couple...

– « Il n'y a pas de rapport sexuel » signifie simplement que c'est forcément un *ratage*, un ratage commis dans l'illusion amoureuse qui elle, fait tout...

– Ben disons que moi, j'en suis restée au *ratage*...

– Pas ton genre non plus...

– Non, mais à un moment donné, tu baisses les armes...

– C'est précisément là que tu vas tomber amoureuse...

*

* *

Sa vie au tel avec Juliette

– Je t'appelle, Ju, parce que j'hallucine !

– Pourquoi ?

– Voilà pas que Tabasco, qui se prend râteau sur râteau, et qui m'a rebattu les oreilles avec des histoires d'autonomie (psychique) entre autres... me les gonfle avec l'Amour, le Couple, l'Homme...

– Il te gonfle *quoi* au juste ?!

– Tu m'as comprise...

– Très bien ! Justement, vois pas ce qu'il peut te gonfler, je te rappelle que c'est pas toi qui *les* as...

– Que tu crois, parce que pour élever un enfant toute seule, faut en avoir...

– C'est ce que tu as voulu...

– Pas exactement, j'étais malheureuse, j'ai pensé que mon enfant le sentirait, j'ai pas voulu *ça* pour lui...

– Je connais la rengaine : une mère enchantée et un couffin volant...

– Non, sérieusement, tu sais ce qu'on a vécu, enfants, toi et moi : toi un divorce, moi des engueulades... Je voulais pas recommencer...

– Vrai que ça saignait... En même temps, avec le recul,

c'était drôle, tu te rappelles de la tête de la voisine quand la télé et les assiettes passaient par la fenêtre...

– Tu parles que j' me rappelle ! Comme ça qu'on est devenues amies et qu'on s'est inventé notre île, notre île à toutes les deux, entre le troisième et le quatrième étage... de cet immeuble : Le Boucan.

Elles rient.

– T'as raison, ben, tu vois, c'est comme ça qu'on a *inventé* quelque chose... Moralité : un enfant est plus malin qu'on ne le pense, il crée, il rêve, il construit, au milieu du bordel, une vie à lui...

– Maintenant, c'est moi qui dois l'inventer cette vie...

– T'inquiète, tu vas y arriver...

– Parfois, je doute...

– Tu doutes, parce que tu as toujours trop attendu de l'autre...

– Tu plaisantes ! J'ai jamais rien demandé !

– Justement, t'aurais dû... Ils sont maladroits. Rappelle-toi de ce que disait Colette : « Tu as déjà vu un homme faire un geste au moment précis où tu attends qu'il le fasse ? »

– Effectivement...

– Moi, je saurais comment rendre une femme heureuse...

– Normal, t'es une femme... C'est le problème.

– Quel problème ?

– Tu n'es pas un homme !

– C'est-à-dire ?

– Un *quelque chose* que je n'explique pas mais fait la différence. Est la différence. Un espace, délicieux, où il est bon de se glisser. J'ai jamais été amoureuse d'une femme, attirée peut-être, mais pas amoureuse... Il me faut ce « malentendu » pour y aller. Tu vois ?

– Non.

– Mais si... Cet homme qui *ne t'entend pas complètement* et qui, du coup, te met en mouvement : tes cailles rôties, ton jardin, ta piscine, tes bouquets de fleurs, cette maison qui ronronne en attendant le retour du chat...

– C'est fou, ce côté Pénélope... ça ne te lâche pas !

Pépita ne sait pas...

Pépita ne sait pas et c'est tant mieux... Ça nous repose, non ? Donc elle ne sait pas : ce qu'est un homme, ce qu'est une femme, ce que fait l'un, ce que fait l'autre. Elle sait juste que l'un ne fait pas sans l'autre. Ou *moins bien*, sans l'autre. C'est cette différence qu'elle aime. Ce jeu de rôles. Ce jeu drôle aussi...

Pourtant jusque-là, elle savait. Nourrie à l'*Odyssée*. Ulysse était l'homme, celui que Pénélope reconnaissait entre tous... Celui qui tendait l'arc, exactement. Et le reste... Oui, ça passait par là et ça passe par là, n'est-ce pas ?

L'homme était l'axe. D'une nuit ou d'une vie. Ça dépendait...

D'ailleurs, quand il y avait un homme en face, elle ne s'y trompait pas. Elle fondait sur lui immédiatement et se délectait du plaisir d'être une femme. Ce que ça voulait dire, elle n'aurait pu l'expliquer... Mais elle le sentait.

Ça la posait. Et l'exaltait. Les deux en même temps...

Ce que c'était *un homme*, elle ne le savait pas plus...

Les mains souvent... Et le regard. Le liquide aussi. Pépita avait un goût pour les hommes qui payaient en liquide... Une *façon* : à la croisée du flic et du voyou. Du mafieux et de l'homme d'affaires... Du président de la République et de Joe Pesci devant le temple de Louxor ! Un éternel masculin auquel elle était toute préparée. C'est ainsi qu'elle a rencontré Roméo... Un homme, vraiment. Un aventurier. Celui que Pépita a reconnu entre tous... D'ailleurs, *la petite* adorait quand, au départ d'une de ses expéditions, il lui disait : « Je te laisse à ton ouvrage... » Son inspiration était à son comble : lui, la grande bleue. Elle, la feuille blanche. Son crayon filait au rythme de son embarcation...

Habitée par de grands desseins, elle pensait que *son job* était d'« amener l'homme là où Dieu le veut » (Ibsen). Exemple : Cécilia. Ce qu'Al Pacino dans *Scarface* dit à sa façon : « *Give the right girl, I go to the top !* » Exemple : Nicolas.

Programme que Pépita trouvait super excitant – épouser et accompagner la trajectoire d'un homme – à ceci près que Dieu ne lui a rien demandé et Roméo encore moins !

Si, surveiller le ragoût de mouton ! Mais « un homme est *nécessairement* un maître », n'est-ce pas ? Pas un maître queue seulement.

Elle cherchait le sien. La cervelle caviardée par ses chères études, elle a omis pourtant de réfléchir à cette (autre) fameuse phrase de Lacan : « L'hystérique cherche un maître pour le dominer. » L'hystérique, c'est la manière dont nos congénères nous appellent dès que ça s'agite ou que ça parle un peu trop. Et là, ça s'agitait. Ça s'agitait mais ça ne disait rien...

Pépita se cabrait. Intérieurement. Or, si elle avait potassé davantage, elle aurait compris que se cabrer n'est pas *se dérober*. Et qu'une femme qui se cabre est « un homme » qui se réveille ! Cécilia, elle, est une femme qui se dérobe. Une femme donc, qui échappe et qui voile de mystère (et de soie Prada) cet éternel féminin... A ne pas confondre avec cette « féminité mascarade » bruyante et sexy. Le sexy n'est pas le charnel. Ni l'érotique. Le sexy est une image agitée sous le nez de ces messieurs. Le charnel est une âme révélée entre les bras des moins dupes. Le sexy est une « mâle attitude » passée par La Perla. Déguisée, à grands frais. L'identité sexuelle et le sexe biologique ayant finalement très peu à voir...

On passe du féminin au masculin plusieurs fois par jour. Vous ne vous en rendez pas compte. Les autres si ! Comme ça qu'un *bonbon* devient un *boucan*. L'expression tropézienne réservée aux « casse-couilles ». Comme ça qu'un *petit soldat* encore charmant devient un *petit Hitler* toujours horrible. Et qu'il l'est un peu, il faut bien le dire. Ainsi *l'agitée* fait l'homme, entendez *joue* à l'homme, et de fait elle rate, le bonheur... d'être une femme.

La narratrice ne sait pas plus ce que c'est mais elle le sent. Et elle veut le faire sentir à Pépita, sa Pépita, embarquée dans le grand train de la vie et de ses certitudes. Ses conclusions, tirées. Ses avis sur tout, ses incertitudes, ravalées… Ce « ne pas savoir », qu'elle sait difficilement. Pourtant Pépita est une amoureuse, une amoureuse de l'amour, une amoureuse tout court, accro à ce shoot de sacré qui élargit l'horizon, puis le contracte, affolée qu'elle est d'être embarquée, réellement, là où elle ne sait pas. Pourtant Pépita sait qu'elle ne pourra pas tenir à bout de bras, une vie comme ça… Une vie au jour le jour, faite de joies et de hasards qu'elle ordonne comme elle peut.

Pépita est réac. Il lui faut un Homme, au fond. Elle *sait* que ça passe par là mais ne le *veut* pas. Elle a une solution, un *ailleurs* vraiment, un contrepoids à cette phrase assommante « celui qui dîne n'est jamais seul », elle a cette phrase qu'elle tient comme elle peut « celui qui peint n'est jamais seul ». Et elle peint, peint encore, jusqu'à plus de couleur, jusqu'à la fin qui est cette nuit, cette nuit qui vient de toute façon et contre laquelle elle ne peut rien…

Des lendemains qui déchantent, parfois…

La famille... sans le couple !

Pépita est maintenant séparée. Elle a des hauts et des bas mais, globalement, les premiers l'emportent sur les seconds. Elle a des hauts et des bas, en coton pour la journée et en soie parfois quand la nuit vient à tomber... Surtout, elle a la tran-quil-li-té ! Un rythme à soi, une chambre à soi et une vie à elles deux Enfin presque... Car Roméo *of course* n'est pas seulement cet *autre barré* et aimé de loin (à tout le moins *bien aimé*), il est aussi cet autre qui se manifeste. Qui se manifeste et s'inscrit en creux dans la vie de Pépita : il est autant là où il n'est pas que là où il est.

Là où il n'est pas, c'est-à-dire là où Pépita le « brandit » (nous l'avons vu) pour calmer ses éventuels soupirants, ou encore pour asseoir une autorité sur l'enfant, *via* des « papa a dit ».

Là où il EST, c'est-à-dire Père de son enfant, mais aussi ardent défenseur de la famille. Et c'est là qu'une fois de plus, une fois encore, il va faire fort, très fort. Inventant ce nouveau concept : la Famille... sans le Couple !

Pépita ne voit pas venir le coup, au début. La séparation s'est faite de façon harmonieuse et à grands coups de *bichon.* Ses parents entretiennent une relation « idyllique » avec lui et pourquoi pas au fond.. Son père a bien besoin d'un copain, quant à maman, elle trouve distrayant cet « antiglaçon » qui évoque ses chasses aux cochons sur les petits sentiers corses. Plus drôle que le dernier détail d'un putting (raté) de son charmant mari.. Plus drôle, oui, et

Pépita se réjouit de donner autant de bonheur à son entourage... Comme en ce premier dîner, n'est-ce pas ? Une situation presque comme avant, la liberté en plus. Enfin, Roméo sert à neutraliser ses parents puisqu'il est là où elle n'est pas. Entre autres, à Saint-Tropez. Un fils idéal... Un *gendre* encore puisqu'ils ne sont ni mariés, ni divorcés donc, et que tout le monde emploie des mots comme s'il en pleuvait... « Ton fiancé », « ton jules », « ton mari »... « notre gendre », omettant de placer ces deux petites lettres qui feraient toute la différence : *ex !* Non, tout le monde fait comme si de rien n'était.

Pépita planque ses coups de cœur. Mais pas ses pots de confiture... Lui confirme son statut de célibattant à biffetons, cigares et *no contrainte*. L'enfant ne voit pas de grosse différence car il est « un nouveau-né du divorce » qui a toujours connu un père à éclipses, un « papa-en-voyage-d'affaires » raconté par la mère et retrouvé le week-end. Un papa à mi-temps. En outre, ils n'installent aucun cadre, aucun nouveau cadre... du genre : « Tu passeras prendre l'enfant à 18 h 45 vendredi et le ramènera à 20 heures le dimanche... » Non, tout ça leur passe au-dessus de la tête, ils inventent une *circulation spontanée* avec un Roro qui a *porte ouverte* et qui, pas con, fait confiance à la mère...

Ainsi, tout se passe bien soit, ne se passe pas : la séparation de même que « la mise en couple » s'inscrivant au gré de leur fantaisie, sans marquage réel, sans règle... Une situation à l'état sauvage.

Un *work in progress* du couple, diront les plus créatifs...

« Second life » : Roméo tout bénef et Pépita piégée

Roméo est libéré de l'insatisfaction (non comprise) de Pépita, il peut définitivement se soustraire à cette posture jugée débile « faire le charmant » et se lancer à toute berzingue dans celle plus naturelle de « faire le marrant ». Ce qu'il réussit à merveille. Toujours un bon mot, une anecdote, ses périples entre mecs, ses brèves de chantier, ses inondations, ses maladresses dans un dîner huppé où il choisit le petit tabouret chinois pour poser ses cent dix kilos et se retrouve les quatre fers en l'air, mais le bras tendu, en train de tenir son verre, afin que le vin ne tache pas.

Un acrobate

Et délicat avec ça...

Quant à *faire le père*, pas besoin, il l'est, de fait. En revanche, il veut faire *de la famille*. Comme d'autres font *de la ménagère de moins de cinquante ans*. Ou *de la jeune maman*. Ou encore *du senior*. Il veut faire du Concept. Et dessus, y inscrire Le Chef de famille, lui-même, cet homme à la tête d'une famille *idéalement* recomposée : Gaga, à la botte. Son ex, cantonnée au rôle de mère, et l'Enfant, ce minimoi à initier au plus vite au Good Book, à la pêche à la mouche, à la pizza, à la plongée (« des minibouteilles, ça existe ? ») et à l'ail, très bon pour la santé.

Roméo exulte, il sort glorieux de « cette affaire » et confirme ce qui fait sa réputation : *Il ne fait jamais rien comme tout le monde*. Cette famille sans le couple ! En clair et pour Pépita : les emmerdes sans la baise ! En clair et pour résumer. Ou, en plus romantique : les contraintes sans l'amour... Soit ces « marronniers », c'est ainsi qu'on les appelle dans les journaux où Pépita dessine, autour desquels toute LA FAMILLE se réunit... à répétition !

Noël, Pâques, mardi gras, la Saint-Valentin (si, si ! Et si on fêtait *ça* en famille ?!), les fêtes du printemps, des Mères, des Pères, les anniv' des uns et des autres, soudain réinvestis... L'ouverture de la pêche à la mouche, événement plus singulier mais où tout le monde est convoqué rapport au nouveau coup de cœur de Roméo, La Péniche. La Péniche en bord de Loue, située à vingt kilomètres de la maison familiale de Pépita ! Celle de son enfance. Son « fiancé » ayant décidé pour des raisons de « Franche-Comté attitude » et de jambon persillé et de comté fruité et de cancoillotte aillée d'y acheter un nouveau lieu, flottant, une péniche, qui fait la joie de tous..

Enfin presque...

Car, pour Pépita, la famille sans le couple, c'est bel et bien les emmerdes sans la baise ! Tandis que, pour Roméo, c'est l'absence d'emmerdes plus la baise, éventuellement...

Les termes de la séparation... un vrai sujet.

*

* *

Son ex au téléphone : le retour du Propriétaire...

Cheveux relevés, Mac sur les cuisses, Pépita esquisse mollement quelques croquis pour sa rubrique « Zoé est barrée » qu'elle publie à nouveau chaque semaine...

Le téléphone sonne...

– *Coucouf*, c'est *moif !*

Pépita se rebranche sur la planète *warfff, warfff...*

– Ça va *toif* ?

– Au top !? And you ?

Devinant que l'appel concerne leur progéniture, Pépita lui indique qu'il la récupérera, comme convenu, en fin de matinée, pour l'emmener déjeuner à la pizzéria d'à côté...

– Et à part ça ?

Pépita :

– Je bosse...

– Mouais, mais en même temps, quoi d'autre ?

– Rien, je plante des choux sur ma terrasse !

Insensible au jardinage citadin, il poursuit..

– Ça te laisse du temps pour le reste...

– Quel reste ?!!!

– J' m' comprends... D'ailleurs, tes petits pots de confiture, ça continue à s'empiler ou c'est plutôt... stationnaire ?

Roméo fait allusion à sa trouvaille récente : un alignement de petits pots de confiture le long du mur de la cuisine qui, selon lui, proviennent *à coup sûr* de petits déjeuners pris dans une ou des chambres d'hôtel – « normal, avec la nounou à la maison, c'est pas pratique ! » – indice redoublé par la présence en rang serré de flacons de bain moussant, shampoings et autres laits parfumés pour le corps dans la salle de bains...

Pépita se redresse :

– J' t'en pose, moi, des questions ?!

– Non, mais j'ai réfléchi...

– Ah...

– T'as quelqu'un ces temps-ci ?

Elle bredouille une non-réponse et attend THE suite...

– Non, parce que si t'as personne, vraiment c'est dommage... un gâchis...

– Ah...

– Mouais... D'ailleurs, j' me disais... j' me disais que... enfin... Je pense qu'on devrait... rebaiser ensemble !

– ...

– Comme ça, à la cool... de temps en temps...

– ...

– Faire l'amour si tu préfères... D'ailleurs j'ai une idée, une super idée : tu réserverais une chambre d'hôtel – *pisque t'aimes bien les chambres d'hôtel !* – et tu m'enverrais, par SMS, le numéro de la chambre !

– Et ?

– JE te rejoindrais !

– Ah...

– Mouais, la chambre serait toute noire, tu serais habillée en noir et je te... surprendrais !

– Pourquoi toute noire ?

– Parce que, une jolie fille en noir... dans une chambre noire, rejointe par un inconnu... tu vois ?

– Non...

– Faut toujours que tu compliques... Donc, tu te préparerais, tu peux aller chez La Perla si tu veux, la chambre serait toute noire, un inconnu surgirait qui te... qui te... violerait !

– Charmant !

– Ben ouais... Un soir, tu vois...

– Suis pas du soir, ni franchement du viol...

– Eh ben, un après-midi, mais tu crois que la chambre serait assez noire ?!

– Tu sais, dans les hôtels auxquels tu penses, les gens *baisent* à toute heure, alors y a pas franchement de voilages bouffés par les mites, mais de lourds rideaux, généreux avec de *gros nœuds*...

– Hihihihi... Tu vois, quand tu fais un effort !

– Mais dis-moi, *trésor*, tu sais qu'il y a des professionnelles pour ça ?

– Non, pas ça que je veux, je veux toi en noir, dans une chambre noire, que je... que je...

– Oui, oui j'ai compris...

Pépita oscille entre hilarité et confirmation du décalage originel...

Il ne lâche pas :

– Donc, tu t'occupes de l'hôtel ?

– Disons que là, compte tenu de mon boulot, je ne dîne avec personne avant 2009 !

– Te parle pas de dîner !

– Certes, mais j'incluais l'ensemble...

– Donc, je m'en occupe ? Lutetia ? Mouais, parce qu'au fond, tu m'as jamais dit : y viennent d'où tous ces p'tits pots ?!

– ...

« Vivre » sa séparation, késako ?

A situation nouvelle, vocabulaire nouveau, et cette expression tout en découvertes pour Pépita : vivre sa séparation. Une expression nouvelle, une situation nouvelle et surtout l'obligation de conjuguer un impossible à vivre : sa séparation... Car, pour Pépita, une séparation ne se vivait jusque-là qu'en quinze minutes, quelques jours ou, pour les plus *connectés*, en un SMS. A savoir un truc court, efficace, expédié et limité dans le temps, avec un avant et un après : avant la séparation/après la séparation.

Celle-ci s'apparentait à un mauvais moment a passer et se limitait à ce mauvais moment.

Or, là, il ne s'agissait pas de ça du tout. La séparation en elle-même avait duré une heure mais *la vivre* augurait un apprentissage, une expérience des plus déroutantes pour Pépita. Comme aurait pu l'être cette expérience nouvellement apparue *via* les colins froids, vivre sa mort (!). Vivre sa mort ou encore son *Après-Vie*, soit comment habiller le *néant* d'un peu d'humanité ou comment donner l'impression au sujet (mort) qu'il est un sujet *encore* vivant ! Bref, on vit une époque formidable où le Diable s'habille en Prada et le Pire, en expressions chatoyantes.

Vivre sa séparation donc, concrètement, ça donne quoi ? Des SMS du séparé (ou du séparant) à 1 heure du mat' (il se couche tard) pour vous dire qu'il viendra chercher l'enfant à 8 heures pour l'emmener à l'école. Voir la tronche du séparé/séparant débouler le matin dans votre bol de thé alors que nous sommes mercredi et que non, les enfants ne vont pas à l'école le mercredi. Recevoir ensuite des SMS de l'assistante soudain chargée de « gérer » les plages réservées à l'enfant dans l'agenda du boss... car elle, elle ne se goure pas ! D'autant que, fine mouche, elle déploie des trésors de diplomatie pour ne se faire *tèje* ni par la maman, ni par le papa-patron, quand les emplois du temps ne coïncident pas... Entendre carillonner à la porte vers 20 heures parce qu'il sort d'un rendez-vous au Lutetia et qu'il passait par là... Aller au mariage de son cousin cul-de-jatte en position de mère de l'enfant et ne pas se faire draguer par les autres cousins – pas culs-de-jatte du tout, eux – qui ne savent pas où « Pépita en est *exactement* avec Roméo » et la traitent comme (encore) rangée des voitures. Continuer à être invitée à des sauteries d'été car le duo fait marrer les potes, distrait les couples, tant *au bout d'un moment* un couple ne se supporte qu'à la condition d'être avec d'autres couples... Puis, rentrer chacun chez soi. Après avoir ravalé toute velléité de poser sa tête sur une épaule qui n'est plus la vôtre surtout que la plaisanterie pourrait déclencher une prise en masse et de nuit de votre petit corps sur le capot de la voiture… Roméo considérant maintenant que, séparés, il ne peut plus rien « nous arriver » : « On peut baiser tranquilles maintenant ! » Sans se farcir des problèmes de Sécu, d'intendance et d'argent…

Enfin surtout, rapport à ce nouveau programme en vogue « la famille sans le couple », revivre des situations qui sont exactement celles pour lesquelles Pépita s'est barrée, l'amour en moins. A savoir : passer des vacances ensemble, des vacances tribales où ne lui sont épargnées ni les courses du matin, ni celles du soir, encore moins l'élaboration à midi du menu du soir, dresser les quinze bols qui viendront accueillir les quinze bouilles affamées de cette famille Ricoré et où il est de bon ton que *la maman* remplisse son rôle, c'est-à-dire les bols, de lait ou de thé, en respectant, comme à l'accoutumée, les doses susprescrites…

Enfin, continuer à faire circuler l'enfant entre ce papa et cette maman qui sont comme avant, voire plus qu'avant, à se faire des *salamalecs* pour prouver au monde entier qu'ils sont plus forts que tous : ils vivent *bien* leur séparation.

Tant pis si l'amant refroidi attend dans le Relais & Châteaux d'à côté que la maman ait desservi, la situation interdit des retrouvailles post-dînatoires : découcher crisperait l'ambiance. Tant pis si la maîtresse esseulée dans un Paris déserté ne voit rien (re)venir… D'où d'un côté, des SMS de plus en plus *hot* : « Ta chatte écartée au soleil » destinés à rassurer ladite maîtresse… D'où de l'autre, des SMS désespérés, « nous en sommes au deuxième plat », supposés maintenir l'amant à température ambiante. Et en place. Avant de courir, entre 15 et 17, retrouver ledit amant, afin de digérer les macaronis, au frais. Et au calme. Calme tout relatif car, à ce rythme-là, Pépita s'essouffle d'autant que lui est reproché d'avoir évité l'après-midi trampoline avec tous les enfants. Le sien, notamment.

Bref, vivre sa séparation « à la mode de chez eux » est un marathon ininterrompu où il faut changer de peau plusieurs fois par jour et revenir exténuée de ses vacances au point de se demander si, finalement, c'était pas plus simple avant… Soit une division des fonctions de toute façon (un homme pour l'esprit, un homme pour les sens, un homme pour l'Enfant), mais un paravent légitime de femme quasi mariée à tout le moins engagée, qui dispose de peu de temps. Car, évidemment, amant et maîtresse ne comprennent pas que, *séparés*, les deux tourtereaux passent autant de temps ensemble...

L'enfant, disent-ils...

Ce qu'ils ne disent pas..

Ce qu'ils ne disent pas c'est qu'ils détestent ce nouveau concept de famille recomposée. Ce qu'ils ne disent pas c'est qu'ils sont maintenant convaincus que le *no contrainte* est leur religion et que toute autre (personne) est source de demande donc de compromis. Entre le libre et l'engagé. Or, quitte à faire des efforts, autant les faire *avec* une bonne raison vivante : un enfant. Un enfant *chacun* pour soi, *ensemble* de temps en temps. Un enfant que *l'un* aime voir avec son père, et que *l'autre* aime voir avec sa mère. Un enfant dont ils sont fiers, et qui les conforte dans leurs qualités respectives ou dans l'opportunité pour ne pas dire *la qualité* du mélange. Je sais, c'est horrible. Ça fleure bon une histoire d'ADN. Un truc génétique. Programmé. Qui soumettrait l'acquis à l'inné. L'humain à la science. Pas le genre de Pépita qui pense que, tout le temps, on peut réinventer sa vie.

Ce qu'ils ne disent pas c'est qu'ils sont tous deux de grands nostalgiques, l'un de sa famille idéale, l'autre de sa famille ratée et que même si l'une est une adepte de l'*érotisation du monde*, elle n'est pas insensible aux joies d'une certaine vie de famille. Enfin, amant et maîtresse leur demandent toujours de s'engager, soit de transformer du provisoire en définitif, alors que c'est *un impossible* pour tous les deux. Ce qu'ils ne disent pas, c'est qu'ils s'agacent mais se font rire tout autant et, pour les mêmes raisons, lui et ses casseroles, elle et sa vie d'intello-aventurière qui vit des sensations fortes entre Paris et Saint-Tropez ! Ce qu'ils ne disent pas c'est que l'une n'a pas compris pourquoi il n'a pas voulu lui offrir un chocolat chaud (le premier de l'année !) un après-midi glacial tandis que l'autre n'a pas compris pourquoi elle n'a pas voulu partir à Venise (une première fois pour lui aussi). Ce qu'elle ne dit pas c'est que ces ratés, ces décalages, ce manque d'attentions, lui ont permis une liberté et l'invention d'une vie où elle est devenue grande.

Oui, mais pour combien de temps ?

C'est dans les séparations qu'on fait les plus beaux...

Nous sommes en janvier. Roméo et Pépita ont fait fêtes à part. Rapport au Noël précédent, aux vacances précédentes et à tout le reste. Marre des quinze bols, marre des Noëls toujours pareils, marre de cette vie *as if*... Pépita a dit Non. Pour la première fois. Et elle exulte. Elle a repris son rythme : un orgasme et un croquis par jour minimum. Les biberons en plus. Le sapin de Noël dans ses cinquante mètres carrés, moins digne que le superbe sapin de Roro dans ses maisons de dix mètres sous plafond ou à ciel ouvert sur La Péniche, mais un petit sapin tout rond tout mignon qui clignote jour et nuit et voit les yeux émerveillés de sa Lulu s'en régaler.

Pépita a recroisé son flic. Il fait la Loi. Suffit qu'il pose son *gun* sur la table du salon et qu'il la prenne dans ses gros bras pour que son calibre « *Say hello to my little beauty !* » s'affole. Elle s'en délecte. Le flic est moelleux, doux, tendre, enivrant, un baba au rhum, un fondant au chocolat... Une tranche de miel ? Pépita découvre les mérites de la métaphore culinaire et le croque à belles dents. Il la laisse *délirer,* soit parler, et la calme d'une caresse sur la joue. Ou d'un baiser. Il l'effleure... Son duvet se hérisse mais son cœur s'apaise. Elle découvre la simplicité : ses chaussettes mises à sécher en rang serré au bout du lit, suspendues sur le fer forgé... Ses musiques piratées sur le Net, ses déj' entre collègues, sa gym dans la salle des pompiers, ses pince-fesses chez le maire, ses fliquettes qui le coursent, sa belle gueule aussi... Elle fait rager ses copines : ton « avion de chasse », ton « missile sol-sol »... Copines qui, elles, sont restées flanquées de leurs maris, et prennent des amants pour redoubler une sécurité qui semble leur manquer. Ainsi, les amants sont aussi vieux aussi riches et aussi socialisés que les maris ! A bien compter, l'une affiche, en additionnant les âges de ses deux béquilles (le mari et l'amant), un total de cent trente ans ! Un cauchemar pour Pépita, vif-argent, qui aime la chair, fraîche. Et les mains. Pleines. Sans parler du reste...

Elle affirme, reprenant les propos de sa chère marraine : à vingt ans, on choisit un homme pour sa beauté, à trente pour son argent et à quarante pour son talent...

Le talent du flic est sans limites... Il ne comprend pas toujours ce que fabrique Pépita dans son atelier et lui demande : « Quand t'auras fini ta série de tableaux, tu vas pouvoir prendre des vacances ? » Non, il ne comprend pas que « travailler est plus amusant que s'amuser » mais il apprend. Il a repris des études de criminologie et s'est inventé, lui aussi, un nouveau terrain d'investigation. Parfois, elle l'accompagne à la fac, sur sa grosse cylindrée, et se colle à lui sur les bancs, tandis qu'il prend des notes. Lentement. Et la culbute, entre deux amphis. Ou contre les Frigos du quai de la Gare, un après-midi brûlant, alors qu'elle l'initie à l'art contemporain.

« Comptant pour rien ? » Le flic joue, lui aussi. Il découvre l'équivoque. Du langage La double entente, si vous préférez. Une vie rêvée, donc. Modeste. Mais vraie. Une vie sans nuages, qui prend son envol...

Seulement voilà, Pépita a omis un détail, un sacré détail.. Une nuit d'amour avec Roméo, ralenti pour une fois, doux presque. Un petit écart, un rapprochement Seulement voilà, Pépita... Une énergie redoublée, des seins lourds... Bref, Pipi au Café de la Mairie. Le deuxième Pipi de sa vie. Enceinte ! Et ce doute : une chance sur deux. Et cette décision : faire exploser les cloisons. Dire à l'un et à l'autre LA vérité, sa vérité et attendre neuf mois, pour savoir si l'enfant aura la boucle blonde de Roméo ou l'œil bleu-gris de la police !

Pépita est devenue grande et *une*, plus de cloison, plus de division, une vie incarnée et affirmée : RENDEZ-VOUS DANS NEUF MOIS !

Elle est enceinte. Et heureuse. Enceinte d'*eux*. Et heureuse, sans eux !

Libre. Et enchantée. *Barrée*, diront certains...

« Je suis comme je suis,
Je suis faite comme ça...
Que voulez-vous de plus,
Que voulez-vous de moi ? »

Une récitation bien apprise. Un vingt sur vingt A l'époque. Elle y avait mis *le ton*... avait dit la maîtresse.

« Y A PAS DE PROBLÈME, Y A QUE DES SOLUTIONS »

L'Annonce faite à Roméo

– Allô, Roméo ? J'ai un truc à te dire...
– Ouais, bébé, une bonne nouvelle ?
– Si on veut...
– T'as réservé La Chambre ?!
Elle éclate de rire.
– Non, pas vraiment...
– Quoi, alors ?
– J' suis enceinte !
– Génial, un petit frère pour Lulu, c'est parfait...
– Attends, t'emballe pas : un, j' sais pas *ce* que c'est, et deux, deux...
– Oui ?
– J' sais pas *de* qui c'est...
– C'est-à-dire ?
– Tu te doutes bien que je n'ai pas fait l'amour qu'une seule fois depuis qu'on est séparés...
– On est séparés ?!
– Arrête...
– J' croyais que c'était un *break*...
– Un long *break* alors... N'empêche, je suis enceinte et j'ignore si c'est de toi ou de Jean-Philippe...
– Jean qui ?
– Jean-Philippe...
– C'est qui, ce naze ?!
– Mon ami...
– Ah... et qu'est-ce qu'il fait ton « ami » ?

– Flic...

– Le gourdin et le képi ? Tu t'es dépassée...

– Peu importe, j'y suis attachée et je suis enceinte... de lui peut-être.

– Ou de moi !

– Ou de toi.

– Moi, je sais !

– Comment ça ?!

– Y a pas plus fertile que moi et vu comme t'as couiné... Cet enfant est forcément de moi !

– J' vois pas le rapport !

– Si, une femme tombe plus facilement enceinte quand elle a un orgasme...

– Dis-moi, t'en sais des choses...

– Ouais, ben, j' regarde des émissions, j' m' renseigne... Enfin bref, moi, je n'ai aucun doute.

– Faudra quand même attendre neuf mois pour être sûrs...

– Pas question !

– Comment ça, « pas question » ?

– Pas question d'attendre, j'ai une autre idée...

– Laquelle ?

– T'as un programme, toi, ces jours-ci ?

– Euh, non...

– Si on se mariait ?

L'Annonce faite à la Police

– Allô, chaton ?
– Oui ?
– J'ai un truc à te dire...
– Pas le moment, y a un mec qui va sauter du toit..
– Il va pas être le seul...
– C'est-à-dire ?!
– Voilà, ça va pas te faire plaisir mais j'ai refait l'amour avec Roméo.
– Tu plaisantes ?
– Non. J' sais pas comment c'est arrivé mais...
– Comment ça TU SAIS PAS COMMENT C'EST ARRIVÉ ? En général, ces choses-là arrivent toujours de la même façon...
– Certes, mais j'avais pas prévu...
– Pas prévu quoi, bordel ?
– De tomber enceinte !
– Tu déconnes ?!
– Non, et évidemment, j'ai un doute...
– Tu m'étonnes... et que comptes-tu faire ?
– Le garder.
– Qui ?
– L'enfant.
– Et moi ?
– Aussi.
– Et lui ?
– Aussi.

– Tu plaisantes ?

– Non, c'est mon histoire et je ne vous impose rien, mais j'ai envie de cet enfant, *le vôtre* d'une certaine manière...

– T'y vas fort !

– Si tu veux, mais je ne triche pas : j'ai fait l'amour *avec amour*, ces derniers mois, avec toi... Et j'ai refait l'amour avec Roméo comme au premier jour, il y a quelques semaines, la vie est parfois pleine de surprises, il faut savoir les accueillir...

– Quel est ton plan ?

– J'ai pas de plan. Je fais cet enfant, seule ou accompagnée, et je vois à l'arrivée...

- Et ?

- Et rien, tout est à inventer...

Au Pays des merveilles...

Une bâtisse rose bonbon, inondée de soleil. Une salle pleine à craquer. Des baies vitrées, ouvertes, qui laissent monter le bruit des vagues. Un ciel vif-argent, nettoyé par le mistral. Des chapeaux de paille aux nœuds de satin qui s'envolent au milieu des rires... Un homme et une femme enfin, qu'on attend.

Et qui dans un instant vont se dire oui.

Dans un instant, si tout va bien...

Pépita arrive, entourée par Roméo. Boucles blondes et châtains se bousculent la première place. Chemise hawaïenne et robe mexicaine annoncent la couleur. Exotique. Et décontractée. Pas banale, disons. Nous sommes à Saint-Tropez, à la mairie, quartier de La Ponche. Le plus vieux quartier du village... Celui où les vrais Tropéziens attendent la fin de l'été pour sortir de leurs maisons de pêcheurs... Celui où l'on regarde le monde, derrière les persiennes... Celui où l'on boit le pastis entre soi, caillette et olives picorées à l'ombre d'un vieux chêne. Celui où l'on se cache du soleil et du reste... Celui où Roméo et Pépita ont choisi de s'unir...

En retrait, un homme. Un bel homme. Discret. Mais là. Regard bleu-gris. Doux mais direct. Epaules solides et visage carré. Bouche charnue. Délicatement dessinée... Un jean, une chemise blanche... Peu familiarisé à l'électricité locale. A son excitation. A son *staiiille*, disons. L'homme se présente, un ami. Un ami de Pépita. Proche. Très proche...

Pépita se dirige vers le bel homme, elle l'embrasse sur la joue. Un baiser furtif, mais tendre. Une joue qu'elle connaît bien. Roméo suit. Les deux hommes se serrent la main. Un clin d'œil. Tout va bien. La cérémonie peut commencer. Chacun rejoint sa place...

Tous les copains sont réunis. Et mélangés : la bande de *winners* parisiens. Et la bande de pêcheurs tropéziens. Tous se concentrent autour de ce curieux duo : Roméo et Pépita.

Deux énergies prêtes à bondir. Dont on espère que, cette fois, ils vont dire oui. Oui, *pour de vrai*. Sachant que quand deux électrons libres se rencontrent, c'est pas gagné...

Les regards convergent vers le bel homme. L'*estranger*, l'inconnu... Celui dont on ne sait ce qu'il fait là. Roméo et Pépita, eux, savent. Pépita est toute ronde, toute châtain, sa couleur retrouvée... toute dorée aussi. Joyeuse. Roméo est tout blond, tout rose, joyeux lui aussi. Il sait. Elle sait. Son ventre arrondi se dirige vers les chaises officielles... où ils vont se dire oui. Elle est enceinte. A côté d'elle, Lulu, une petite fille haute comme trois pommes, vient se glisser au milieu du duo. Ou du trio... Un attelage particulier, né spontanément.

Ou naturellement.

Un attelage moderne, né de tout ce qui précède...

Quai des Menteurs

Quinze ans plus tard..

Pépita se dandine sur un banc, face à la mer, elle s'impatiente...

– Alors, Gaga, qu'est-ce tu fous ?!

– J'arrive !

– Ouais ben, dépêche-toi, les tartes vont fondre...

– Me voilà !

– Tiens, t'as remis ta robe vichy ?

– Pourquoi pas ?

– Ouais, t'as raison, on a toutes rêvé un jour de ressembler à Brigitte Bardot... et finalement, ça arrive !

Elles se marrent.

– Sinon ?

– Sinon rien, les enfants ont foutu un bordel dans la maison, te dis pas...

– Pas grave, nous, on a notre cabanon !

– Ouais, au fond du jardin...

– Pas ma faute, c'est ton frère qui, *visionnaire*, avait prévu l'architecture de notre future vie : une maison en trois parties. Indépendantes mais collées... Chacune aujourd'hui occupée par l'un de nos enfants ! Le tien, qui a longtemps pris ton frère pour son père, et les deux miens, qui se sont débrouillés...

– En même temps, il n'avait pas prévu que t'allais tomber enceinte de père inconnu...

– Pas de père inconnu, de père indéterminé... et puis, nous étions séparés !

– Oui, à votre façon...

– N'empêche, les deux ont répondu présent, non ?

– Ouais, et les deux se sont tirés !

– Oui, aussi... Pourtant, c'était un beau mariage. Chacun avait sa place et Lulu était ravie de cette roulotte qui s'annonçait avec un petit frère et un flic qui l'amusait avec ses jouets et... son uniforme ! Deux papas pour le prix d'un, c'était chouette !

– Les chiens ne font pas des chats...

– Oui, mais il y avait aussi tout cet amour... Roméo avait compris, le flic aussi... Et les deux étaient d'accord : ils ne voulaient pas savoir. Le père était celui qui élèverait l'enfant, pas celui dont la petite bébête avait triomphé des autres...

– Certes. Donc, si je te suis et vu que c'est moi qui ai élevé ton enfant : je suis le père !

– Un autre pôle, disons, féminin ou masculin, je sais pas...

– On s'en fout !

– On s'en fout !

– Sinon, quoi de neuf ?

– Rien, ai repéré un plagiste de toute beauté, vingt-cinq ans, Adrien... L'œil noir et le cheveu hirsute, une promesse...

– Ouais, d'autant qu'on est maintenant dans la « bonne tranche » pour se taper des petits jeunes !

– Tu l'as dit !

– Le troisième marché...

– Pas de famille recomposée, une liberté absolue : hyper-romanesque !

– Et casse-gueule !

– Comme toutes les histoires d'amour...

– Certaines plus que d'autres...

– Adrien, donc...

Promenons-nous dans les bois...

TOI ET MOI

TOI OU MOI

« NOUS », C'EST RARE...

PAPA, MAMAN ET LE FRIGIDAIRE

« POINT BREAK »

NI AVEC TOI NI SANS TOI

« Y A PAS DE PROBLÈME, Y A QUE DES SOLUTIONS »

ÉPILOGUE

Cet ouvrage a été composé par
Graphic Hainaut
59163 Condé-sur-l'Escaut
et imprimé par **Bussière**
à Saint-Amand-Montrond (Cher)

Achevé d'imprimer en août 2008.

Dépôt légal : mai 2008 – N° d'édition : 14312
N° d'impression : 082664/1
Imprimé en France